ANA Publishers
Erste Auflage 2017
Printed in Germany
ISBN 978-3-931906-38-2

Umschlaggestaltung unter Verwendung eines Bildes von Pari Ravan © mit freundlicher Erlaubnis der Künstlerin (www.pariravan.de)

Besuchen Sie uns im Internet www.anapublishers.de

Uwe Henrik Peters

Der Ur-Sprung der Psychotherapie

Boltens Gedancken von psychischen Curen
Das erste Lehrbuch der Verhaltenstherapie 1751

Mich deucht, ein Arzneygelehrter, der sich der
Praxis ergiebt und keine Psychotherapie gelernet
hat, sey nichts weiter als eine lebende Apotheke
(n. Bolten 1751)

Inhalt

Teil 2 – Georg Ernst Stahl und Freunde   173

Die Vita Stahls..175

Das Werk Stahls im Hinblick auf die eine sich entwickelnde Psychotherapie 182

Anmerkungen zu Stahl und seinem Werk.....207

Abbildungen...*211*

Abbildungsnachweise *227*

Der Herausgeber und Autor *229*

Vorrede.

Diese Schrift lehret nicht, wie man die Seele pſychologiſch curiren ſolle. Sie enthält nur Gedanken von den pſychologiſchen Curen, und ich kan dieſelben leichte in dreierlei Arten abtheilen. Gleich anfangs habe ich zu erkennen gegeben, was ich unter pſychologiſchen Curen verſtehe, und die dazu gehörigen Begriffe vorausgeſetzet. Hierauf habe ich mich bemühet, die Nützlichkeit und öftere Unentbehrlichkeit pſychologiſcher Curen darzuthun; und endlich wird man eine

Anlei

Anleitung finden, wie man es anzufangen habe, um die Kranckheiten der Seele psychologisch
curiren zu lernen. Vielleicht
scheint manchem eine Schrift von
dieser Art von keiner grossen
Wichtigkeit zu seyn, und wenn es
an dem ist, daß nur solche Schriften für wichtig gehalten werden
können, welche auszuarbeiten und
zu verstehen viel Kopfbrechens erfordert; so gebe ich zu, daß in der
gegenwärtigen nichts wichtiges
anzutreffen seyn wird. Eine
Wichtigkeit von dieser Art war
auch nicht die Absicht, warum ich
sie verfertigte. Dennoch halte ich
dafür, daß sie in andrer Absicht
wichtig genug sey, wenn diejenigen Zwecke dadurch erhalten werden, die ich wünsche. Dreierlei
Arten von Leuten sind es, denen
ich zu nuzzen gedencke: Prediger,
Aerzte und Krancke. Man müste die Natur des Menschen wenig kennen, wenn man nicht wissen sollte, wie genau die Kranckheiten

heiten der Seele mit denen
Kranckheiten des Körpers verbunden sind, und umgekehrt. Eine Kranckheit des Körpers curiren, ohne zugleich der Seele zu
Hülfe zu kommen, ist eben so eine
vergebliche Bemühung, als das
Ebenbild eines häßlichen Gesichtes in einem aufrichtigen Spiegel
verbessern wollen, ohne sich zu bemühen, das Urbild schöner zu
machen. Ich klage, wie mir deucht,
mit Grunde darüber, daß weder
die Prediger noch Aerzte, wenn
sie denen Krancken beistehen sollen, diesen Betrachtungen gemäs
sich aufführen. Ich rede von dem
grösten Theile beider Partheien.
Wie selten denckt ein Arzt daran,
daß seine Kunst etwas mehr erfordere, als was ein guter Uhrmacher wissen mus. Wie selten
läßt er sich einfallen, der Seele
zu Hülfe zu kommen, die öfters
einer Cur mehr benöthiget ist, als
der Körper. Ja wie oft wundert er sich, wenn in manchen Fällen

len seine Arzneien, wie es ihm
scheint, ganz zufälliger Weise
die Seele von einer Kranckheit befreien, welche von der
Kranckheit des Körpers herrühret. Ein freundlicher Zuspruch,
eine mit untergemischte Moral,
und die regelmäßige Hervorbringung gewisser Leidenschaften sollte ohne Zweifel in tausend Fällen eben so erwünschte Würckungen thun, als die kostbarsten Arzeneien kaum vermögen, wenn sich
nur ein Arzt des menschlichen
Herzens anzunehmen beliebte, und
die Kunst lernen wollte, so wol
Sturm als Stille in ihm hervorzubringen. Die meisten Aerzte, besonders diejenigen, welche
im Ruf stehen, durch vieler Jahre Erfarung besonders geschickt
zu seyn, gewöhnen sich so finstre
Gesichter an, daß ihnen ihre Minen zum Feldzeichen dienen können, daran man ihre Handthierung
erkennen kan. Ein Patient, der
einen solchen hocherfarnen Mann
das

Vorrede

Als Beginn der Psychotherapie nehmen die meisten Autoren der Welt die ersten Arbeiten von Sigmund Freud (1899) an. Als Beginn der Lehren von Schizophrenie wird gewöhnlich dieselbe Zeit genannt, wozu die Namen Emil Kraepelin und Eugen Bleuler genannt werden. Diese Art Geschichtsschreibung ist zu korrigieren.

Wie in diesem Bändchen gezeigt wird, ist der Beginn der Psychotherapie auf etwa 1695 zu datieren. Bis 1751 war sie so weit ausgearbeitet und entwickelt, dass die Ergebnisse in einer Art Lehrbuch zusammengefasst werden konnten, welches bis heute weitgehend seine Gültigkeit behalten hat.

Das wird in den nachfolgenden Seiten dargestellt und umfangreich erläutert.

In einem anderen Buch (*Schizophrenie – Denken, Fühlen und Empfinden Schizophrener, 2017*) konnte ich zeigen, dass auch die Lehre von der Verrücktheit, also der Schizophrenie, nur wenige Jahre nach Beginn der Psychotherapie entstanden ist, nämlich 1723.

Beides geschah an der Universität Halle. Daher ist zu fragen, was denn in dieser Zeit das Besondere war, das solche Entwicklungen ermöglichte. Einerseits war es die Freiheit des Forschens und Lehrens in einer Zeit der

Aufklärung wie es sie an anderen Universitäten noch nicht gab. Dies hatte zur Folge, dass neue Gedanken in einer Schnelligkeit entstanden, als wenn Blumen nach einem harten Winter im Frühling empor sprießen.

Aber es war auch ganz allgemein die Zeit eines Neubeginns. Peter Watson, dem Verfasser des Buches *The German Genius, Europe's Third Renaissance, the Second Scientific Revolution and the Twentieth Century* (2010), das in seiner deutschen Übersetzung den weniger treffenden Titel *Der deutsche Genius: Eine Geistes- und Kulturgeschichte von Bach bis Benedikt XVI* führt, wurde 2011 in einem Interview folgende Frage gestellt:

«Ihr Buch über den deutschen Genius fängt um die Mitte des 18. Jahrhunderts an. Was war damals so besonders?»

Antwort: «Ich würde sagen, da beginnt das Zeitalter der Moderne. Es beginnt mit dem Zweifel an der Religion, mit einer generellen Skepsis, es ist eine Zeit, die auch in England und Frankreich große Philosophen hervorbringt. Aber es ist Deutschland, wo das Zeitalter der Biologie und der Geologie beginnt, es ist Deutschland, wo die Geschichtswissenschaft begründet wird – und wo man beginnt, alles, die Natur wie die Kultur, als historisch zu begreifen und damit als veränderbar. In Deutschland wurden damals die philosophischen und naturwissenschaftlichen Grundlagen fürs moderne Weltbild gelegt.»

Das ist die allgemeine Antwort, die sich nicht nur, aber ganz besonders auf die Universität Halle bezieht. Die 1694 gegründete Hallesche Universität war eben eine der freiesten und modernsten ihrer Zeit. Das Buch

Boltens, das hier zum ersten Mal seit seiner Veröffentlichung 1751, wieder abgedruckt wird, gehört in einem mehrfachen Sinne der Geschichtswissenschaft an. Es ist geschichtlich, aber auch im heutigen Sinne sehr modern. Auch jeder psychisch Kranke und jede einzelne psychische Krankheit hat ihre Geschichte. Daher ist sie veränderbar – durch Psychotherapie, die hier noch psychische Behandlung oder Seelencur heißt.

Auch auf die Fragen, warum sich die erste Psychotherapie in Deutschland, in Halle entwickelte und nirgendwo anders. Viele örtliche Umstände kamen mit wenigen überörtlichen Umständen zusammen. Man kann es mit der Entstehung der Buchdruckerkunst in Mainz vergleichen. Dort waren Weinpressen vorhanden, die sich auch zum Buchdrucken eigneten, es gab Steinschneider, die genaue Lettern aus Holz herstellen konnten, mit Farben konnten die Maler umgehen usw. Mainz lag dazu im Zentrum Europas an der Stelle, wo sich die großen Verkehrswege Europas Nord-Süd und Ost-West kreuzten.

Halle war der Ort der geistigen Freiheit inmitten der lutherischen Gebiete Deutschlands. Wittenberg konnte man zu Pferd leicht erreichen. Es gab die vielen gebildeten Pastorensöhne, die jedoch nicht Pastoren werden wollten, aber doch mit der Psyche vertraut waren und mit dem Helfenwollen. Hinzu kam die Neigung der Deutschen, die Aufklärung durch Denken zu bewältigen statt in Revolutionen zu agieren. Freilich blieb zunächst die Beschränkung auf lutherische Gebiete. In den katholischen Ländern Deutschland galt es weiter als vermessen, mit Worten heilen zu wollen.

Teil 1

Johann Christian Bolten

und Freunde

Die erste Psychotherapie

Erst 22 Jahre war Johann Christian Bolten alt, als er 1750 seinem Namen den Titel «Doktor der Arzneywissenschaft» hinzufügen durfte. So, als wisse er, dass ihm nur ein kurzes Leben beschieden sei, setzte er sich unmittelbar anschließend nieder und veröffentlichte 1751 das erste Lehrbuch der Psychotherapie. «Psychische» oder «psychologische Therapie» nannte er die damals schon länger bekannte, aber zuvor nie im Zusammenhang dargestellte ärztliche Behandlung der Seele. Nur das Zusammenziehen der beiden Worte zu dem Wort, das wir heute benutzen, Psychotherapie, fehlte noch.

In diesem weltweit ersten Psychotherapiebuch werden alle Sparten der Psychotherapie behandelt, alle Techniken werden genannt und alle Theorien der Zeit, aus denen sie jeweils hervorgegangen waren. Wohl hatte es in den Jahren zuvor schon Abhandlungen über den Einfluss der Seele auf den Körper gegeben.[1, 2] Auch war immer wieder über die Heilung durch Einwirkung geheimer Kräfte gesprochen worden, was man Heilung *per sympathiam* nannte.[3] Auch war schon davor von der Einbildung gesprochen worden, die gesund machen kann.[4] Aber das war alles andere als eine auf Theorien gestützte und systematisch durchgeführte «psychologische Behandlung».

Wie ein vom Himmel gefallener erster Freud, ohne Vorgänger und ohne Nachfolger, so erschien mir Johann Christian Bolten mit seinen *Gedancken von psychologischen Curen*,[5] als ich sie vor vielen Jahren entdeckt hatte. Das kleine Buch fand ich in der Bibliothek der Universität Halle. Die Abschrift davon, die man in diesem Buch findet, habe ich vom Original genommen.

Meine Frage an die Geschichte war: Hat es tatsächlich niemanden gegeben, der sich für Bolten und seine Psychotherapie interessiert hat? Die Antwort ist merkwürdigerweise: Nein. Er ist damit allein geblieben.

In dem sonst so gründlichen und schönen Buch von Henri Ellenberger über die *Entdeckung des Unbewußen*[6], das auf mehr als tausend Seiten bemüht ist, die gesamte Geschichte der Psychotherapie zu erzählen, wird nicht einmal der Name Boltens erwähnt. Ellenberger war offenbar nur an solcher Literatur interessiert, die sich als Vorläufer Freuds verstehen ließ.

Aber auch der sehr gebildete schweizerisch-amerikanische Psychiatriehistoriker Oskar Diethelm erwähnt in den *Medical Dissertations of Psychiatric Interest Printed before 1750* (Vor 1750 gedruckte psychiatrisch interessierende medizinische Dissertationen) den Namen Boltens nicht ein einziges Mal.[7] In Diethelms 50.000 Bände umfassenden privaten psychiatrischen Bibliothek, die jetzt in der Oskar-Diethelm-Library der Cornell-University steht, kommt Bolten nicht vor. Es fehlt selbst Boltens Dissertation über den Zusammenhang zwischen Philosophie und Medizin (*De nexu metaphysices cum medicina generatim*).[18]

Immerhin fand ich Boltens Namen bei Johann Christian Reil erwähnt. Reil hatte sein schwungvoll geschriebenes Buch *Rhapsodieen über die Anwendung der psychischen Curmethode auf Geisteszerrüttungen* ein halbes Jahrhundert nach dem Buch von Bolten (1803) veröffentlicht.[8] Er lag damit sogar um mehr als ein Jahrhundert nach den ersten, die Psyche betreffenden Arbeiten von Georg Ernst Stahl, wovon der zweite Teil dieses Buches handeln wird. Reil erwähnt Bolten zuammen mit einer kleinen Anzahl weiterer Vorgänger in der Sache lediglich in einer Fußnote. Es fehlen aber Angaben zum Inhalt des Buches von Bolten, ebenso wie er von den anderen Autoren nur Namen und die Titel einzelner Werke nennt. Viele haben Reil sogar für den ersten Psychotherapeuten der Welt gehalten. Er gilt ihnen als Gründer der Psychotherapie. In Wahrheit hatte Reil eine große Zahl von Vorgängern, nicht nur Bolten. Weil die Medizingeschichte das Jahrhundert vor dem allgemein sehr gerühmten Reil unbeachtet gelassen hatte, gilt Reil vielen nicht nur als Erfinder der Psychotherapie, sondern auch als der eigentliche Gründer der Psychiatrie.

Zwischen 1700 und 1750 hatte sich in der Universität Halle oder in engem Zusammenhang mit ihr eine Gruppe von gelehrten Ärzten gebildet. Diese Gruppe hat für die Psychotherapie dasselbe geleistet wie einst in Athen die Platonsche Akademie für die Philosophie. Es sind immer glückliche Umstände, die zu solchen Gruppen führen, in denen die Beteiligten persönliche und geistige Kontakte miteinander pflegen. Dasselbe hat sich ein halbes Jahrhundert später nochmals ereignet, wozu hier nur die Namen Hegel und Hölderlin genannt werden.

Die Hallenser philosophischen Ärzte haben die Psychotherapie erfunden, ausgeübt und Erfahrungen damit gesammelt. Sie standen in einer so engen geistigen Beziehung zueinander, dass nicht mehr auszumachen ist, welcher Anteil daran jedem einzelnen von ihnen zukommt. Deren Vielfalt ergibt sich aus der Vollständigkeit von Boltens Darstellung. Dieser junge Mann konnte sich das nicht alles ausgedacht haben, sondern schrieb das nieder, was er von anderen erfahren oder in seinen Studienjahren selbst erlebt hatte. Seine Darstellung bezieht sich nicht nur auf die Methoden und deren Begründungen, sondern sie enthalten auch schon eine reiche Erfahrung. Diese hatte sich offenbar innerhalb der vorausgegangenen 50 Jahre angesammelt.

In seinem Buch nennt Bolten eine Anzahl von Namen dieser Gruppe, obwohl sein Bericht darüber vermutlich nicht vollständig ist. Es handelt sich um ein weitgehend unerforschtes Gebiet aus der Geschichte der Psychotherapie. Ein besonderes Interesse daran ist erst in unserem Jahrhundert entstanden, nachdem die Psychotherapie jedenfalls in Deutschland eine so überragende Bedeutung angenommen hat.

Anfänge der Psychotherapie

Angefangen hatte die psychische Behandlung mit dem vielfach und immer wieder verkannten Aufklärer und Pietisten Georg Ernst Stahl, der nach der Gründung der Universität Halle 1694 dort bis 1715 Professor der Medizin war. Stahl hat in seinen Werken ab 1691 und 1695 (*Dissertatio de passionibus animi corpus humanum varie alterantibus*) die Vorstellung entwickelt (und ärztlich umgesetzt), dass die Seele Einfluss auf den Körper nimmt und daher alle Krankheiten, alle, nicht nur aber auch psychisch zu behandeln sind. Das ist nicht nur ein typischer Gedanke für die Aufklärung, in einer Zeit, in welcher die Kraft des christlichen Glaubens nachgelassen hatte. Vielmehr hatte bereits Aristoteles in seiner Schrift *Über die Seele* (περί ψυχήσ) der Psyche gegenüber dem Körper die größere Bedeutung und das größere Gewicht beigemessen. Stahl hat diese Idee wieder aufgenommen. Bei Aristoteles heißt es:

> Auch die Affektionen und Affekte der Seele scheinen alle mit dem Körper verbunden zu sein: Zorn, Milde, Furcht, Mitleid, Wagemut, dazu Freude und Lieben wie Hassen.

Oder auch an anderer Stelle:

> Es ergibt sich aber jenes Merkwürdige für den gegenwärtigen und die meisten Lehrvorgänge über die Seele: sie verbinden nämlich die Seele mit dem Körper und setzen sie in diesem an, ohne weiter zu bestimmen, aus welcher Ursache das geschieht und wie sich der Körper dazu verhält. ... Die Kunst muß die Werkzeuge gebrauchen und die Seele den Körper.[8a]

Ziemlich ähnlich heißt es bei Stahl:

> Die Seele baut sich selbst den Körper und ernährt ihn. Sie lenkt alles in und mit ihm im Hinblick auf ein bestimmtes Ziel, obwohl sie manchmal davon abirrt.[9, 10]

Stahls «Herde»

Georg Ernst Stahl hatte ganz ähnlich wie später Freud eine große Schar von Schülern, Nachschülern und Anhängern, die von den Zeitgenossen und selbst später tatsächlich als Gruppe («Herde», *Stahlii grege*) wahrgenommen wurde. Sie standen alle mit der Universität Halle in Zusammenhang und ebenso untereinander in einer persönlichen Beziehung. Die spätere naturwissenschaftlich geprägte medizinische Geschichtsschreibung blickte verächtlich auf diese erste Psychotherapieschule herab oder ließ sie wohl deshalb meist unerwähnt. Erst aus heutiger Sicht und wenn man weiß, welche riesigen Ausmaße die Psychotherapie in Deutschland angenommen hat, tritt die Bedeutung der Gruppe von Denkern hervor, zu denen Bolten gehörte. Von Stahl aus gesehen gehörte er bereits der zweiten, also der Enkelgeneration an. Sein Lehrer war ein Schüler Stahls. Mehr dazu im Abschnitt «Georg Ernst Stahl und Freunde».

Nur wenige Exemplare

Von Boltens Psychotherapiebuch haben sich überhaupt nur ganz wenige Exemplare in den Bibliotheken der Welt erhalten. Das Werk ist nach seinem ersten Erscheinen 1751 bisher nie wieder aufgelegt worden. Daher wird in diesem Band nach 266 Jahren die erst zweite Auflage präsentiert.

In den gängigen Geschichtsbüchern der Psychiatrie kommt Boltens Name ebenfalls nicht vor. Die Geschichtsbücher von Leibbrand und Wettley (*Der Wahnsinn. Geschichte der abendländischen Psychopathologie*)[11], von Alexander und Selesnick (*Geschichte er Psychiatrie. Ein kritischer Abriß der psychiatrischen Theorie und Praxis von der Frühgeschichte bis zur Gegenwart*)[12] enthalten ebenso wenig über ihn wie die *Medical Bibliography* von Morton und Moore[13] oder Hunter und Macalpines Klassiker *Three hundred years of psychiatry 1535-1860.*[14] Über die zu vermutenden Gründe soll später diskutiert werden.

Wer besonders interessiert ist, könnte als erstes Boltens Text lesen und dann erst zu den hier vorgelegten Erklärungen zurückkehren. Das ist einer der Gründe, warum Boltens Psychotherapielehre hier in einer möglichst sorgfältigen und originalgetreuen Abschrift vorgelegt wird.

Bolten selbst hatte sich nicht zum Ziel gesetzt, ein Lehrbuch zu schreiben, wie er auch nicht der Entdecker der Psychotherapie ist. Diese wurde offensichtlich von den Ärzten der «Herde» einfach ausgeübt und als solche vom Lehrer an den Schüler weitergegeben. Bolten schrieb nur auf, was wohl gewöhnlich mündlich von Lehrer zu Schüler tradiert wurde. Jedenfalls ist eine gleichartige Literatur der Belehrung in Psychotherapie noch nicht aufgetaucht oder schlummert noch in Archiven oder Bibliotheken. Bolten wollte lediglich bei den Ärzten seiner Zeit dafür werben, die Psychotherapie zu erlernen und anzuwenden, denn sofort mit den ersten Psychotherapeuten traten ihre Gegner auf und versuchten sie zu bekämpfen. In § 12 spricht Bolten das deutlich aus.

Wenn ich meinen Zweck, den ich mir bei dieser Schrift vorgesezzet habe, erreichen will, nämlich mehrere Liebhaber zu denenienigen Wissenschafften anzuwerben, in welchen man die Seele psychologisch curiren lernet, so mus ich notwendig zeigen, daß selbige sehr offte notwendig, öffterer höchstnüzzlich, niemals aber schädlich sind .

Bis dahin (und bei manchen noch heute) galten die Arzneien des Arztes und die Messer der Chirurgen als die einzigen Mittel, mit denen man heilen konnte. Bewusstes Heilen auf psychischem Wege war etwas unerhört Neues und hat sich nur sehr langsam, von Deutschland ausgehend, auf andere Länder in der Welt ausgedehnt.

Zunächst verschwand diese Art Verhaltenstherapie aber wieder. Dann nach einer Weile wirkten die Mitglieder der Herde nicht mehr am gleichen Ort, also nicht mehr in Halle. Ob und wie weit sie noch untereinander Kontakt hielten, ist bisher nicht bekannt, aber wohl auch nicht untersucht. Nach einer Weile wurden auch die Quellen nicht mehr gelesen und gerieten in Vergessenheit. Der letzte, der Boltens Buch und die Arbeiten der «Herde» kannte, ist wohl Reil gewesen. Das war 1803. Um 1850 setzte sich die positivistische Wende durch. Alles, was über das Faktische und Materielle hinausging wurde vom Denken der Denker ausgeschlossen. Eine immaterielle Krankenbehandlung verschwand aus dem Horizont der Möglichkeiten. Bis zum Auftreten Freuds verging dann ein halbes Jahrhundert, in welchem Psychotherapie nur noch hier und da am Glimmen war.

Boltens Gebrauch der hochdeutschen Schriftsprache seiner Zeit für den weiter hinten abgedruckten Text ist für uns Heutige eine heitere Zugabe. Es wurde ja so nicht gesprochen, sondern nur als Schriftsprache gebraucht. Die Muttersprache Boltens dürfte das Niederdeutsche gewesen sein, dem Niederländischen ähnlicher als dem Hochdeutschen, so wie es über Jahrhunderte in Holstein und rund um die Ostsee gesprochen wurde. Denn das war Boltens Heimat.

Boltens Biographie
und Freundeskreis

Über das Leben von Johann Christian Bolten sind nur ganz wenige Einzelheiten bekannt. Aber er war Mitglied (mindestens) zweier großer Netzwerke. Aus ihnen ist der Rückschluss auf seine Ausbildung und seine Denkweise möglich.

Das erste Netzwerk war das der großen Familie, welcher er entstammte. Das zweite Netzwerk war der Freundeskreis, welcher während seines Studiums an der Universität Halle entstanden war. An den Stellen, an denen Bolten in seinem Buch vom Netzwerk an der Universität Halle spricht, ist das immer mit besonders freundlichen Worten.

Bolten war Mitglied einer weit verzweigten holsteinischen Familie. Auch heute gibt es noch eine zahlreiche Nachkommenschaft mit dem Namen Bolten.

Boltens Familie

Johann Christian Bolten wurde am 29. November 1727 in Glückstadt an der Elbe geboren, jedenfalls sehr wahrscheinlich. Denn sein Vater, Johann Bolten (1678-1758), war dort seit 1723 Hauptpastor gewesen. Zur Zeit von Boltens Geburt und während seiner ganzen Kindheit war Glückstadt eine besonders bevorzugte liberale kleine Stadt Holsteins, in welcher Religionsfreiheit herrschte. Sie gehörte zum Herzogtum Holstein, wurde jedoch von Kopenhagen aus regiert, weil der Herzog von Holstein in Personalunion zugleich König von Dänemark war. In Glückstadt lebten Lutheraner, Katholiken, Reformierte, Mennoniten und Juden friedlich nebeneinander. Alle genossen den Schutz des Herzogs und Königs. Die Bevölkerung, insbesondere ihre Gebildeten, war allgemein offen für Neues.

Das ist vermutlich auch für die Entwicklung von Psychotherapie wichtig gewesen. Schleswig-Holstein und Dänemark waren schon zwei Jahrhunderte zuvor, noch zu Lebzeiten Luthers, lutherisch geworden.

Der König wollte der freien Reichsstadt Hamburg und deren einträglichen Geschäften Konkurrenz machen, daher gründete er Glückstadt an der Elbe, das ihm Glück bringen sollte, weshalb er diesen Namen wählte.

Als Johann Christian zehn Jahre alt war, wurde sein Vater Propst an der großen Dreifaltigkeitskirche in Altona. Heute ist Hamburg-Altona eine Vorstadt von Hamburg, aber damals war es die größte Stadt der Herzogtümer Schleswig und Holstein und nach Kopenhagen die zweitgrößte Stadt im gesamten großdänischen Reich. Es herrschte der gleiche aufgeklärte und liberale lutherische Geist wie in Glückstadt.

Johann Christian hatte neun weitere Geschwister. Einer seiner Brüder hat wenig später ebenfalls einige

Schritte auf dem Gebiet der Psychotherapie getan. Es handelt sich um den 1718 in Horst, Kreis Steinburg geborenen Arzt und Naturforscher Dr. Joachim (oder Jochim) Friedrich Bolten. Auch er hatte im frühen Alter von 22 Jahren in Halle promoviert. 1754 wurde er Stadtphysikus von Hamburg.

Schon im selben Jahre, als Friedrich Anton Mesmer in Wien seine Entdeckung der «Magnetkur» erstmals bekannt gemacht hatte, 1775,[15] veröffentlichte Joachim Friedrich Bolten eigene Behandlungsversuche mit einem solchen Magneten. Er führte Messmers Behandlung bei der Hamburger «Jungfer Marianna Brandon» durch, allerdings ohne erkennbaren Erfolg.[16] Das ist aber eine andere Geschichte.

Auch dieser Pastorensohn vergrößerte die Boltensche Familie. Mit seiner Frau Anna Maria Sillen hatte Jochim Friedrich 15 Kinder, die ihrerseits wieder viele Nachkommen hatten. Jochim Friedrich starb im hohen Alter von 84 Jahren in Hamburg.

Größere Bedeutung erlangte ein Neffe von Johann Christian Bolten, nämlich der Compastor an der Hauptkirche zu Altona, Johann Adrian Bolten. Dieser vielseitige und gelehrte Kirchenmann beschrieb ab 1784 in vier umfangreichen Bänden unter dem Titel *Ditmarsische Geschichte*[17] die den Deutschen wenig bekannte Geschichte der holsteinischen Bauernrepublik Dithmarschen. Trotz mehrerer Eroberungsversuche des dänischen Königs, der Steuerzahlungen erzwingen wollte, war Dithmarschen nahezu herrschaftsfrei geblieben. Johann Adrians Dithmarschenbuch wird noch heute für bedeutend gehalten und wurde daher 1979 in unveränderter Form neu aufgelegt.[17] Neben vielen theologischen Arbeiten betrieb Johann Adrian Bolten auch Familienforschung, auf die wir hier zurückgreifen können.

Studium Boltens in Halle

Johann Christian Bolten war also durch Verwandtschaftsbande gut vernetzt oder sogar verklüngelt mit zahlreichen Pastoraten in Holstein und Hamburg, in denen seine Verwandten saßen. Seine geistige Freiheit hat er aber wohl vor allem den Anregungen und Freundschaften seiner Studienzeit an der Universität Halle zu verdanken. Dort studierte er Medizin und Philosophie, eine damals häufige Verbindung. Dankbar erwähnt er seine Lehrer und Studienfreunde in seiner Schrift.

Johann August Unzer

Da ist an erster Stelle der gleich alte Johann August Unzer (1727-1799) zu nennen, den Bolten am Ende seiner *Gedanken...* als «mein unvergleichlicher Freund» bezeichnet. Unzer war ebenfalls ein Schüler von Juncker und damit ein Nachschüler von Stahl. Als Johann Christian Bolten seine 1749 veröffentlichte Dissertation *De nexu metaphysices cum medicina generatim*[18] zu respondieren (verteidigen) hatte, war Unzer der Praeses (Vorsitzende) gewesen, der dem Respondenten bei der Verteidigung seiner Schrift half, wie es damals üblich war. Unzer war selbst erst 1748 promoviert worden.

Ganz ähnlich wie Bolten war Unzer ein geistreicher und witziger Mann mit einer Neigung, Wissenschaft zu popularisieren. Später, als Unzer Arzt in Altona war, hat er eine der populärsten Zeitschriften seiner Zeit, *Der Arzt* (1759-1764), herausgegeben.[19] Der Inhalt der Zeitschrift war bereits nach Gesichtspunkten von Infotainment gestaltet. Gelehrtes wurde mit Unterhaltendem vermischt. Als Unzer wohlhabend geworden war, besaß er an der Alster eine Villa mit einem Sommerhaus. Dort traf sich die Hamburger Theaterwelt und trafen sich Künstler und Literaten. Eine lebhafte Beschreibung von Unzer und vor allem seiner Praxis findet sich in einem erotischen Roman (*Charlotte Ackermann. Ein Hamburger Theater=Roman aus dem vorigen Jahrhundert*), über den sich Clara Schumann und Johannes Brahms in der Zeit ihrer Liebe brieflich unterhalten haben.[20]

Die schon erwähnte erste Veröffentlichung über den animalischen Magnetismus (sprich: Hypnose) hatte in einem *Schreiben an einen auswärtigen Arzt* bestanden. Dieser auswärtige Arzt war Boltens Hamburger Freund Unzer. Dieser hatte sich einen Bericht erbeten, nachdem er durch Gerüchte von der Sache erfahren hatte und etwas dazu in seiner Zeitschrift veröffentlichen wollte.[21] Mesmer hatte seinem Antwortschreiben gleich ein paar Magneten beigefügt. Es könnten die Magneten gewesen sein, die Unzers Freund Jochim Friedrich Bolten dann für seine Behandlungsversuche verwendete.

1751, in dem Jahr, in welchem Boltens Psychotherapielehre erschien, war nicht nur für Bolten, sondern auch für Unzer ein Schicksalsjahr gewesen. Unzer übernahm 1751 eine ärztliche Praxis in Altona und heiratete im selben Jahr die geistreiche Schriftstellerin Johanna Charlotte Ziegler (1725-1782). Sie gehörte ebenfalls zum Hallenser Freundeskreis und veröffentlichte, ebenfalls in diesem Jahr 1751, ein Buch mit dem Titel *Johannen Charlotten Zieglerin Grundriß einer Weltweißheit* [=Philosophie] *für das Frauenzimmer*.[22] In dem Buch versuchte sie, Philosophie so zu popularisieren, dass auch wenig gebildete Frauen sie verstehen konnten.

Die Unzerin, wie sie bald überall genannt wurde, setzte sich als aufgeklärte Frau dafür ein, dass Frauen gebildet würden und vor allem auch an der Philosophie teilnähmen. Ihr Grundriß einer Weltweisheit wurde ein sehr populäres Buch.

Als Schriftstellerin hat Johanne Charlotte Unzerin unter dem Titel *Versuch in Scherzgedichten* auch heiter-frivole Gedichte veröffentlicht. Auch dieses Büchlein erschien im Jahre 1751 bei Hemmerde in Halle. In den nachfolgenden Jahren gab es Jahr für Jahr eine Neuauflage der Scherzgedichte. Man kann das Buch heute als Faksimile kaufen.[23] Es handelt von Wein, Liebe und Gesang. Heiter spricht sie darin vom Trunkenbold Bachus und von Amor, «dem geilen Sohn der Venus».

Johann Gottlob Krüger

Vierter im Bunde war Johann Gottlob Krüger (1715-1759), ein Onkel der Unzerin. Diesen bezeichnet Johann Christoph Bolten am Ende seines Buches als den «vortrefflichen Herrn Professor Krüger» und nennt ihn seinen «theuersten Gönner und Freund». Krüger war ebenfalls Arzt und zugleich Schriftsteller und Philosoph an der Universität in Halle. Schon im Alter von 19 Jahren hatte Krüger philosophische Vorlesungen gehalten. Im Alter von erst 28 Jahren war er 1743 zum Professor der Weltweisheit und Arzneygelahrtheit (Philosophie und Medizin) an der Hallenser Universität ernannt worden.

1751, seltsamer Weise wieder dasselbe Jahr, war Johann Gottlob Krüger an die Universität Helmstedt berufen worden. Auch dort war er beides, Professor der Philosophie und Professor der Medizin. Krüger veröffentlichte außer vielen anderen Werken ein in seiner Zeit sehr bekannt gewordenes Traumbuch, *D. Johann Gottlob Krügers Träume*.[24] Der Band enthält 157 Traumerzählungen. Sie sollen erfundene Erzählungen sein, obwohl man das nicht immer glauben mag. In den weiteren Auflagen wurde die Zahl der erzählten Träume immer weiter vermehrt. Schon in der 3. Auflage, 1765, war das Buch 672 Seiten stark.

Wie weit Sigmund Freud später an diese literarische Tradition der Traumerzählungen anknüpfen konnte, ist anscheinend nie untersucht worden. Freud hat Krügers Träume in *Die Traumdeutung* nicht ein einziges Mal erwähnt. Jedenfalls kamen in Krügers Traumerzählungen auch Wirkungen des Unbewußten zum Tragen.

Weitere Mitglieder des gelehrten Freundeskreises

Zu diesem gelehrten und vergnügten Kulturkreis gehörte ferner Johann Andreas Roeper, der schon 1724 bei Michael Alberti (1682-1757), der ebenfalls Schüler Stahls war, in Halle promoviert hatte.[25] Alle zusammen und weitere ungenannte Personen bestimmten ein geistiges Klima, in welches man sich durch das Wirken der genannten Personen hineindenken kann. In diesem Klima sind auch Boltens *Gedancken von psychologischen Kuren* entstanden.

Ein Jahr nach seinem Freund Unzer und damit ein Jahr nach den *Gedanken...* heiratete Johann Christian Bolten 1752 in Altona die Maria Ladehof. Das Ehepaar blieb kinderlos.

Ein pietistischer Einfluß?

Schwer zu beantworten ist die Frage, ob ein pietistischer Einfluß vorhanden war oder wie weit dieser reichte. Georg Ernst Stahl selbst neigte sehr dem Pietismus zu und hat als Leibarzt des preußischen Königs und Präsident des Collegium Medicum durch sein Vorbild mit dafür gesorgt, dass der Pietismus eine Art Staatsreligion Preußens wurde, was bis heute nachwirkt. Außerdem arbeiteten die Franckeschen Stiftungen in Halle teilsweise mit der Unterstützung von Studenten der Universität. Nicht nur auf ihren Visiten in den Häusern der Stadt konnten die Medizinstudenten ihre akademischen Lehrer begleiten. Vielmehr waren sie auch an der ärztlichen Versorgung von Kranken innerhalb der Stiftungen beteiligt. Auf diese Weise konnten sie schon in sehr jungen Jahren reichliche medizinische Erfahrungen sammeln und eine humane, am Menschen orientierte Krankenbehandlung lernen. Diese Kenntnisse und Erfahrungen sind wohl in den Bericht Boltens eingegangen, obwohl er sich nicht ausdrücklich darauf

beruft und überhaupt die Quellen seiner Erfahrungbe-
richte nicht genauer benennt.

Bolten wird
Stadtphysikus von Altona

1754 wurde Johann Christian Bolten als Nachfolger
seines bereits erwähnten, neun Jahre älteren Bruders
Jochim Friedrich Bolten, Stadtphysikus von Altona.
Jochim Friedrich war von 1747 an Stadtphysikus von
Altona gewesen und wechselte nun, 1754, in das Amt
des Stadtphysikus von Hamburg über. Die beiden Brüder wurden also benachbarte Kollegen, wenn auch nur
für kurze Zeit. Jochim Friedrich Bolten lebte 78 Jahre
und behielt das Hamburger Stadtphsikat bis zu seinem
Tode 1796.

Wie erwähnt, hatte Johann Christian nur ein kurzes
Leben. Er starb in seinem 30. Lebensjahr, am Samstag,
den 19. November 1757, in Altona. Sein bevorstehender Tod war länger bekannt gewesen. Daher läßt sich
vermuten, dass er an Tuberkulose gestorben ist, wie es
damals häufig vorkam.

Nur eine Woche nach seinem Tod ist am Samstag,
den 26. November 1757, auch seine Frau Maria Bolten,
geb. Ladehof gestorben. Als Psychiater denkt man bei
einem zeitlichen Zusammentreffen dieser Art, es könne
ein Suizid gewesen sein. Aber als christliche Frau und
Schwiegertochter des Konsistorialrats und Propstes in
Altona und nach dem ganzen Geist dieses Kreises ist
das doch nicht wahrscheinlich. Vielleicht litt sie ebenfalls an Tuberkulose.

In Hamburg hatte es Akten zu diesen Ereignissen gegeben. Diese sind jedoch während des Zweiten Weltkrieges bei einem Fliegerangriff der Britischen Royal Airforce im Jahre 1943 verbrannt.[26]

Dieser frühe Tod Boltens und das Fehlen weiterer Arbeiten aus seiner Hand mag sehr wohl einer der Gründe dafür sein, dass sein Name bislang kaum bekannt gewesen ist. Interesse an Boltens Werk haben in der neueren Zeit lediglich einige Philosophen, Sozialwissenschaftler und Philologen bekundet.[27] In deren Arbeiten ging es nicht um die hier dargestellte Psychotherapie, sondern um die philosophischen Theorien der damaligen Zeit, so weit man sie in Boltens Buch wiederfindet. Nicht einmal Boltens Begriffe psychologische Cur und Seelencur wurden übernommen. Man sprach einfach von einer Gruppe von Psychomedizinern. Bolten hat in der Tat reichlich Gebrauch von philosophischen Theorien gemacht. Der heutige Leser benötigt Erklärungen, denn sie sind nicht aus sich heraus zu verstehen. Im nächsten Kapitel werden sie daher erläutert.

Johann Bolten tritt ab, Adam Struensee tritt auf

1757 ist wieder so ein in dieser Geschichte und darüber hinaus wichtiges Jahr. Hauptpastor Johann Bolten bittet darum, von seinen seelsorgerischen Pflichten entbunden zu werden und gibt Krankheitsgründe dafür an. Sein Nachfolger an der Trinitatiskirche in Altona wird Adam Struensee, bisheriger Pastor und Professor der Hallenser Universität.

Nachfolger aber von Johann Christian Bolten als Stadtphysikus wird der Sohn dieses Pastors und Professors, nämlich der erst 20jährige Arzt Dr. med. Johann Friedrich Struensee, der mit dem Vater nach Altona gekommen war. Dazu schreibt Struensees Biograph Stefan Winkle:

> Es war ein merkwürdiger Zufall, daß mit der Ankunft des jungen Struensee in Altona auch die Stelle des tödlich erkrankten Stadtphysikus (Johann Christian Bolten) neu besetzt werden sollte. Acht ansässige Ärzte, die an der Nachfolge interessiert waren, bestürmten mit ihren Gesuchen nicht nur den Altonaer Oberpräsidenten, sondern auch die deutsche Kanzlei in Kopenhagen. […] Zur allgemeinen Verwunderung erhielt jedoch keiner von ihnen das angestrebte Amt, sondern es fiel einem Außenseiter und blutjungen Neuling zu, mit dem, da er sich offiziell gar nicht beworben hatte, auch niemand rechnete: Dr. Johann Friedrich Struensee.

Es handelt sich bei Boltens Nachfolger also um jenen unglücklichen Struensee, der zuerst als einflußreicher Leibarzt des geisteskranken Königs ein Reformer Dänemarks, ein mächtiger Mann und ein Geliebter der dänischen Königin wurde. Dann aber erlitt er einen grausamen Tod. Er wurde 1772 zum Tode verurteilt, in Kopenhagen geköpft, gevierteilt, auf das Rad geflochten und die Leiche zur Schau gestellt.[28] Dänemark 1772.

Schluss

Wir bedauern zwar weiterhin, dass es eine Lebensbeschreibung zu Bolten nicht gibt und wir auch kein

Portrait von ihm kennen. Aber seine eigenen Hinweise auf die Menschen seines persönlichen und beruflichen Netzwerks sind ein guter Ersatz dafür. Er war kein bisher unentdeckter Freud, der einsam als Einzelgänger eine neue Psychotherapie erfand. Vielmehr hat er die Kenntnisse und Erfahrungen des Kreises von Ärzten mit philosophischer Bildung und der Philosophen, mit denen er zusammen lebte, gesammelt und niedergeschrieben.

Anmerkungen zu S. 1-42

1. Roeper, Johann Andreas: Die Würckung der Seele in den menschlichen Cörper nach Einleitung der Geschichte eines Nacht-Wanderers. Aus vernünftigen Gründen erläutert. Magdeburg & Leipzig: Seidel & Georg Ernst Scheidhauer 1748.

2. Unzer, Johann August: Gedanken von dem Einflusse des Cörpers in die Seele und der Seele in ihren Cörper. Halle, Hemmerde 1746. - Erneut Langensalza, Martini 1771.

3. Salomon, Georg Friedrich: Diss. de cura morborum per sympathiam. Utrecht, Halm, 1697.

4. Alberti, Michael, resp. Chroph Sussenbach: De therapia imaginaria, von Menschen, die aus Einbildung gesund werden. Halle, 1721.

5. Bolten, Johann Christian, der Arzneiwissenschaft Doktors Gedanken von psychologischen Kuren. Halle im Magedeburgischen, Carl Hermann Hemmerde, 1751.

6. Ellenberger: Henri F.: The Discovery of the Unconscious. The History and Evolution of Dynamic Psychiatry. Basic Books: New York, 1970. - Dt. Die Entdeckung des Unbewußten. Huber: Bern-Stuttgart-Wien, 1973.

7. Diethelm, Oskar: Medical Dissertations of Psychiatric Interest, Printed before 1750. Karger: Basel-New York 1971. Im persönlichen Gespräch hat Diethelm dem Herausgeber gegenüber angegeben, der Name Boltens sei ihm nie begegnet.

8. Reil, Johann Christian: Rhapsodien über die Anwendung der psychischen Curmethode auf Geisteszerrüttungen. Curtsche Buchhandlung: Halle, 1803.

8a. Zit. n. der Übersetzung von Willy Theiler: Aristoteles Über die Seele. Rowohlt, Hamburg, 1968.

9. Anima sibi ipsi fabricat corpus, id nutrit, et omnia in et cum eo propter certum finem agit, quamvis interdum a fine aberret. In: Reich, Johannes Jacobus (resp.): (Stahl, Georg Ernst, praeside): Diss. de passionibus animi corpus humanum varie alterantibus. Literis Chrstiani Henckelii, Acad. Typ., Halle, 1695. [In dieser Fassung, welche die Thesen Reichs enthält, im Internet abrufbar.]

10. Stahl, Georg Ernst: Diss. de passionibus animi corpus humanum varie alterantibus. Halle 1691, 1719.

11. Leibbrand, Werner & Wettley, Annemarie: Der Wahnsinn. Geschichte der abendländischen Psychopathologie. Freiburg, München 1961.

12. Alexander, Franz G. & Sheldon T. Selesnick: The History of Psychiatry: an evaluation of psychiatric thought and practice from prehistoric times to the present. New American Library, New York, NY 1968; – Dt. Geschichte er Psychiatrie. Ein kritischer Abriß der psychiatrischen Teorie und Praxis von der Frühgeschichte bis zur Gegenwart. Diana, Konstanz, 1969.

13. Morton, Leslie T. & Robert J. Moore: A bibliography of medical and biomedical biography. 2nd Ed. 1994. (1. Ed. 1989). Scolar Press, Hants (England).

14. Hunter, Richard Alfred & Ida [Wertheimer] Macalpine: Three Hundred Years of Psychiatry 1535-1860. Oxford University Press: London-New York-Toronto 1963.

15. Mesmer, Friedrich Anton: Schreiben über die Magnetkur von Herrn A. Mesmer, Doctor der Arzneygelährtheit, an einen auswärtigen Arzt. Kurzböck, Wien 1775.

16. Bolten, Joachim Friedrich: Nachricht von einem mit dem künstlichen Magneten gemachten Versuche in einer Nervenkrankheit. In der Heroldischen Buchhandlung: Hamburg 1775.

Ders.: Fortgesetzte Nachricht von dem mit dem künstlichen Magneten gemachten Versuche in der Nervenkrankheit der Jungfer Br.... in der Heroldischen Buchhandlung: Hamburg 1775.

Ders.: Ausführlich beschriebene Krankengeschichte der Jungfer Marianna Brandon. In der Heroldischen Buchhandlung: Hamburg 1779.

17. Bolten, Johann Adrian: Ditmarsische Geschichte. Th. I u. II mit Kupfern, Theil III u. IV mit Titelkupfern. Flensburg & Leipzig, Korte, 1781-88. - Unveränderter Neudruck in vier Bänden, Schuster, Leer 1979.

18. Bolten, Joan. Chr.: De nexu metaphysices cum medicina generatim diss. Halae Magd. 1749.

19. »Der Arzt. Eine medizinische Wochenschrift«, 12 Bde. Hamburg 1759-64. – Darin z. B. »Von den psychologischen Kuren des Hypochondristen« (1764). - Siehe dazu auch: Reiber, Matthias: Anatomie eines Bestsellers. Johann August Unzers Wochenschrieft 'Der Arzt' (1759-1764). Supplementa - Hgg. von der Deutschen Gesellschaft für die Erforschung des 18. Jahrhunderts. Wallstein Verlag, Göttingen 1999.

20. Müller, Otto: Charlotte Ackermann. Ein Hamburger Theater=Roman aus dem vorigen Jahrhundert. Meidinger, Frankfurt a. M. 1854. – Johannes Brahms an Clara Schumann am 15. Jan. 1856: «Jetzt lege ich noch einen Roman bei, den ich von Joachim mit auf die Reise bekam. Er hat immer viel solcher Sachen, die er selbst meist lange nicht liest. Charlotte Ackermann ist meine schöne Landsmännin gewesen, ihr Schicksal ist so ergreifend, es muß Sie interessieren. Traurig ist es, Sie werden viel weinen, fürchten Sie das, so warten Sie mit dem Lesen bis Düsseldorf».

21. Das nur 11 Seiten lange, an Unzer gerichtete Schreiben über die Magnetkur von Herrn A. Mesmer, Doktor der Arzneigelahrtheit. o. J., befindet sich in der Staatsbibliothek München.

22. Johannen Charlotten Zieglerin Grundriß einer Weltweißheit

für das Frauenzimmer. Halle, Hemmerde 1751. – Eine neue Ausgabe nach der 2. Auflage 1767 wurde herausgegeben von Heidemarie Bennent-Vahle (ein-fach-Verlag, Aachen 1995).

23. Unzer, Johanna Charlotte: Versuch in Scherzgedichten. Carl Hermann Hemmerde, Halle im Magdeburgischen, 1751.

24. D. Joh. Gottlob Krügers Träume. Halle im Magdeburgischen, Hemmerde 1754.

25. Roeper, Johann Andreas: Die Würckung der Seele in den menschlichen Cörper nach Einleitung der Geschichte eines Nacht-Wanderers Aus vernünftigen Gründen erläutert. Magdeburg & Leipzig: Seidel & Georg Ernst Scheidhauer 1748.

26. Schrifliche Auskunft von Dr. Richter, Stadtarchiv Hamburg vom 29.04.1993.

27. Zelle, Carsten (Hg.): «Vernünftige Ärzte». Hallesche Psychomediziner und die Anfänge der Anthropologie in der deutschsprachigen Frühaufklärung. De Gruyter, Berlin 2002. S. 16ff.

28. Eine ausführliche Darstellung findet man bei Winkle, Stefan: Johann Friedrich Struensee. Arzt-Aufklärer-Staatsmann. G. Fischer, Suttgart 2. Aufl. 1989.

Einführung in Themen und Kapitel von Boltens *Gedancken*

Vielleicht erscheint es nach dem ersten Eindruck etwas kühn, erstens von einem Lehrbuch und zweitens von Psychotherapie zu sprechen. Bolten verwendet zwar nicht genau das Wort Psychotherapie, aber die von ihm gebrauchten Ausdrücke, psychologische Cur oder Seelencur, bedeuten genau das und sind also synonym. Sie sind nur eine andere Bezeichnung derselben Sache und lassen schon von den Begriffen her keinen Zweifel daran, dass sein Buch von Psychotherapie handelt. Von einer Kur zu sprechen und damit ein altes Wort für ärztliche Behandlung zu verwenden, war durchaus nicht ungewöhnlich. Selbst Freud sprach 150 Jahre später noch wie ganz selbstverständlich von einer psychoanalytischen *Kur*.[1] Auch unsere Alltagssprache kennt noch den *Kur*pfuscher und das Aus*kur*ieren einer Krankheit.

Psychotherapie besteht immer in der theoriegestützten gezielten Behandlung der Psyche eines Patienten (Klienten) mit Hilfe der Psyche eines Therapeuten. Das ist die Grundregel, von der man auszugehen hat.[2] Das kleine Buch enthält auch sonst alles, was zu einer Psychotherapie gehört. Die Paragraphen werden nachstehend in der Reihenfolge des Originals erläutert.

Man findet darin eine Theorie, mit welcher die Behandlung begründet und erklärt wird und aus welcher sich die einzelnen Behandlungstechniken ableiten lassen. Das Buch enthält eine Darstellung von Krankheiten und Störungen, bei denen Psychotherapie angebracht ist, zählt also die ärztlichen Indikationen dazu auf. Schließlich werden beispielhafte Einzelfälle und einzelne Behandlungstechniken vorgestellt. Alle modernen Psychotherapieformen haben letztlich dieselbe Struktur, mögen sie sich selbst auch anders sehen. In Boltens Buch wird die Ordnung durch eine Einteilung in Paragraphen hergestellt, wie sie zu der Zeit vielfach üblich war. Diese Ordnung wird hier beibehalten.

Die einzelnen Abschnitte

Zueignung: Bolten beginnt mit einer Captatio benevolentiae, einer rhetorischen Anbiederung und schon eher etwas schwülstigen Schmeichelei gegenüber dem hochwürdigen eigenen Herrn Vater, dem die Arbeit gewidmet wird. Ganz selbstlos ist die Zueignung nicht, denn der Vater bekleidete in der kirchlichen Hierarchie und im Staat Dänemark-Schleswig-Holstein eine mächtige Position. Hier war Bolten der brave Pastorensohn. Wie man sehen wird, war er jedoch außerdem und viel mehr ein aufgeklärter Mensch, ein Mensch der Aufklärung. Daher läßt er seinem Spott und seiner Kritik am Verhalten von Pastoren und Predigern immer wieder freien Lauf.

Vorrede

Wie in einem Power-Point-Vortrag unserer Zeit wird bei Bolten zunächst vorgestellt, worüber gesprochen werden soll.

(1) Was versteht man unter Psychotherapie?

(2) Was kann man damit erreichen?

(3) Wozu ist Psychotherapie gut?

(4) Wie kann man lernen, es richtig zu machen?

(5) Als Letztes kommen Ausführungen über Leib und Seele, denn beide sind so eng miteinander verbunden, dass man immer beides behandeln sollte, sagt Bolten als Stahlianer.

Das war eine der von Stahl herstammenden Grundthesen gewesen. Das sagt Bolten dann auch mit eigenen deftigen Worten.

Man müsste die Natur des Menschen wenig kennen, wenn man nicht wissen sollte, wie genau die Kranckheiten der Seele mit denen Kranckheiten des Körpers verbunden sind, und umgekehrt. Eine Kranckheit des Körpers curiren, ohne zugleich der Seele zu Hülfe zu kommen, ist eben so eine vergebliche Bemühung, als das Ebenbild eines häßlichen Gesichtes in einem aufrichtigen Spiegel verbessern wollen, ohne sich zu bemühen, das Urbild schöner zu machen.

Das ist dem Sinne nach schon dasselbe wie seit 2016 der Slogan der deutschen psychiatrischen Fachgesellschaft (DGPPN) «Keine Gesundheit ohne psychische Gesundheit». Mit den Ärzten seiner Zeit ist Bolten daher nicht zufrieden, weil sie nur den beschädigten Körper reparieren wollen.

Wie selten denckt ein Arzt daran, dass seine Kunst etwas mehr erfordere, als was ein guter Uhrmacher wissen mus. Wie selten läßt er sich einfallen, der Seele zu Hülfe zu kommen, die öfters einer Cur mehr benöthiget ist, als der Körper.

Auch später kommt es immer wieder zu ähnlichen Ausfällen gegenüber den mechanistischen ärztlichen Kollegen, die sich wie Uhrmacher verhalten. Gemeint sind dieselben, die sich heute biologische Psychiater nennen.

Andererseits bekommen auch schon mal die Prediger mit ein paar treffenden Bemerkungen gleich ihr Fett weg. Er wird später darauf zurückkommen.

Die Prediger, welche die Kunst am besten verstehen solten, die Seelen derer Krancken zu heilen, und deren Beruf es eigentlich erfodert [sic!], diese Verrichtung über sich zu nehmen, sind fast gröstentheils ungeschickt, dieselbe gehörig auszuüben. (...) Die mehresten Geistlichen gewöhnen sich gewisse Formeln an, die sie bei allen Kranckenbetten hersagen, ohne eine andere Krafft der Seele dabei zu gebrauchen, als das Gedächtnis.

Es wird nicht einfach bei jedem Patienten dieselbe psychotherapeutische Methode angewandt. Jeder Patient erfordert einen eigenen Behandlungsplan. Das ist schon die personale oder personenzentrierte Psychotherapie, wie sie im 21. Jahrhundert als etwas Modernes gefordert wird.

Jeder einzelner Mensch erfordert eine besondere Aufführung, und ohne vorher den Zustand seines Gemüthes er-

50

forscht zu haben, ist es nur ein blindes Glück, wenn die [ärztlichen] Besuche gute Würckungen thun.

Eher nebenher klingt auf diesen ersten Seiten das Thema der Philosophie an, auf welche sich das Buch stützt: eine neue Ästhetik. Es ist nicht die, welche wir heute darunter verstehen. Erst in § 32 wird dies näher erklärt werden. Daher soll auch meine Erklärung bis dahin zurückgestellt werden.

Zu § 1. Der Arzt muss schon normalerweise in vielen verschiedenen Wissenschaften ein Kenner sein, so kann man Bolten hier verstehen. Normale und pathologische Anatomie, Chemie, Botanik und vieles mehr muss er können. Ein wirklich guter Arzt ist er jedoch erst dann, wenn er auch psychotherapeutisch behandeln kann. Vorteilhaft ist das ebenfalls. Man versteht dann die ganze Medizin besser. Die Psychotherapie ist von großem Nutzen und manchmal einfach notwendig.

Zu § 2. Wie kann man unterscheiden, welche Psyche gesund und welche krank ist? Diese Frage wird auch heute unendliche Male gestellt. Bolten verweist auf die Weltweisheit. Mit diesem Wort hatte man vor Beginn der Aufklärung eigentlich das menschliche Bemühen im Gegensatz zur göttlichen Weisheit bezeichnet. Bei Bolten und anderen Aufklärern ist es aber ein deutsches Wort für Philosophie. Die Philosophie hat geklärt, nach welchen Regeln (Gesetzen) die Psyche funktioniert. Wenn man die Philosophie studiert hat, kann man auch gesund von krank unterscheiden. Die Psychologie gehört zur Philosophie, oft heute noch, so weit die Psychologie mit einem Lehrstuhl in der Philosophischen Fakultät vertreten ist.

Die Beschreibung von »gesund-krank« enthält wie ganz selbstverständlich die Vorstellung, dass die Seele (Psyche) als solche aus sich heraus krank werden kann. Im weiteren Verlaufe benutzt Bolten immer wieder den Ausdruck «Seelenkrankheit» oder spricht von den «Krankheiten der Seele». Der Seelenarzt (der erst später als Psych-Iater in die griechische Fachsprache übersetzt wurde) ist um diese Zeit ein fester Begriff. Noch ein halbes Jahrhundert später wird Goethe dichten:

> Nikias, trefflicher Mann, du Arzt des Leibs und der Seele.
> (Goethe, Gedichte, Amyntas, 1797).

Erst viel später wird das bestritten. So heißt es 1844 im allerersten Band der allerersten amerikanischen psychiatrischen Zeitschrift, die damals noch den Titel The *American Journal of Insanity* führte:

> We believe, however, that such opinions [psychische Krankheit komme vom Teufel] are no longer embraced by intelligent persons, who have paid much attention to insanity. By such, insanity is regarded as a disease of the body, and few at the present time, suppose the mind itself is ever diseased. The immaterial und immortal mind is, of itself, incapable of disease and decay.[3] (Wir meinen indessen, dass intelligente Menschen, die sich viel mit dem Wahnsinn beschäftigt haben, nicht länger solchen Meinungen anhängen. Vielmehr ist für sie der Wahnsinn eine körperliche Krankheit. Die immaterielle und unsterbliche Seele kann von sich aus weder krank werden noch zerfallen.)

Das ist bis heute amerikanische Psychiatrie. Die Seele kann nicht erkranken, weil sie als Seele unsterblich und immateriell und daher ohne Körper ist. Auch der Psychiater Kurt Schneider hat sich noch 1951 in einer Rede aus Anlass der Übernahme des Rektorats der Heidelberger Universität in einer an die allgemeine Öffentlichkeit gerichteten Rede ganz ähnlich geäußert:

> Fasst man nun »Krankheit« nicht bildlich, sondern streng medizinisch, so kann es sie nur in etwas im Raume gegebenem, in etwas Materiellem geben, also keinesfalls im Geist, wenn dieser noch Geist sein soll.[4]

Fortschritt und Rückschritt lösen einander in dieser Frage immer wieder ab. Was meinen die Neurowissenschaftler der Gegenwart dazu? Sie drücken dasselbe in Neurosprache aus. Ein Beispiel ist die Aussage des Direktors des Max-Planck-Instituts für Psychiatrie (Deutsche Forschungsanstalt für Psychiatrie) Florian Holsboer aus dem Jahre 2011.

> Im Kern handelt es sich immer um ein Ungleichgewicht in der Biochemie der Zellen des Gehirns. (...) Natürlich ist das individuelle Leid der Patienten eingebettet in die jeweiligen Lebensumstände (...) Das eigentliche Problem aber wurzelt in Hirnprozessen, dort muss die Behandlung ansetzen.[4a]

Bolten in seinem Jahrhundert war da schon weiter. Nach ihm ist die Psyche etwas Eigenes, das seinen eigenen Gesetzen unterworfen ist.

In § 3 bemüht sich Bolten um eine Definition dessen, was seelische Krankheit ist.

> Die Natur der Seele ist ihre Vorstellungskrafft, vermöge welcher sie sich die Welt nach dem Stande ihres Körpers (pro positu corporis) vorstellet. So bald also die Seele kranck ist, wird ihre Vorstellungskrafft, so wie sie, sich

selbst gelassen, würcken würde, gehindert.

Klingt unverständlich, ist aber die Philosophie Christian Wolffs (1679-1754), Professor der Philosophie an der Hallenser Universität und Zeitgenosse Boltens. Dieser Philosoph hat behauptet, der Mensch erfahre die Welt je nach Lage seines Körpers oder, lateinisch ausgedrückt, pro positu corporis. Dazu benötige die Seele ihre Vorstellungskraft. Diese wiederum ist das Vermögen, sich etwas vorzustellen, sich Vorstellungen zu bilden, Gegenstände des Denkens, Fühlens und Wollens so zu bilden wie einen Gegenstand, den man wahrnimmt. Es ist nicht das Denken als Tätigkeit gemeint, sondern das, worüber gedacht wird, neudeutsch also der CONTENT.

Wir mögen dieser etwas umständlichen Definition, was eine psychische Krankheit ist, vielleicht nicht gern folgen. Die heutigen Definitionen sind aber nicht wirklich deutlicher. Letztlich herrscht die Vorstellung vor: Das, was für seelische Krankheit gehalten wird, das ist tatsächlich seelische Krankheit. Klare Grenzen sucht man vergeblich.

Dieselben Bemühungen werden in § 4 fortgesetzt. Immerhin heißt es da in einem Satz:

Wenn also die Seele kranck ist, so werden die Vorstellungen anders seyn, als sie sonst erfolget wären.

Dem kann man zustimmen, es ist jedoch eine eher banale Feststellung.

§§ 5 und 6 behandeln eine Theorie, welche das Entstehen seelischer Störungen erklären soll. Daran muss an dieser Stelle nur interessieren, dass es bei Bolten eine solche Theorie gibt und dass er daraus therapeutische Techniken ableitet. Welche Theorie das ist, wird erst später erläutert.

§§ 7 und 8 erklären, dass die Ursache einer Seelenkrankheit (psychischen Krankheit) einerseits im Körper liegen kann und andererseits in der Psyche selbst. Sofern eine Körperkrankheit die Ursache ist, kann die Psyche (indirekt, über den Körper) durch Arzneimittel behandelt werden. Das gilt auch heute noch als richtig.

> So viel ist indessen doch gewis, dass entweder in der Seele oder in dem Körper der erste Ursprung einer Kranckheit werde gesuchet werden müssen. Diese beiden Fälle sind also nur bei der Seele möglich. Entweder sie ist kranck, weil der Körper ungesund ist, oder in ihr lieget der erste Grund ihrer Kranckheit. Hieraus mag man ersehen, wie vielerlei Arten der Seelencuren möglich sind.

Auch die Gegenwart kennt psychische Störungen, etwa eine Alzheimersche Krankheit, bei denen eine körperliche Ursache bekannt ist. Es gibt andere psychische Störungen ohne bekannte körperliche Ursachen (die jedoch oftmals als vorhanden postuliert werden).

In § 9 versucht Bolten am Beispiel einer Gedächtnisstörung einen feinen Unterschied zwischen einer «psychologischen Kur» und einer «Seelenkur» herauszuarbeiten. Für ihn ist das nicht dasselbe. Als Beispiel dient ihm eine Körperkrankheit mit Gedächtnisstörungen. Wenn man diese allein auf psychischem Wege behandeln wolle, dann sei das eine «psychologische Kur». Wenn aber die Psyche aus sich selbst heraus gestört sei und dann behandelt werde, dann sei das eine «Seelenbehandlung». Einen solchen Unterschied kennt man in der Sache auch heute noch. Es ist der Unterschied zwischen einer psychotherapeutischen und einer neuropsychologischen Behandlung.

Wenn also eine Gedächtnisstörung besteht und der Patient wird zu Gedächtnisübungen veranlasst, dann ist das nicht dasselbe als wenn, sagen wir, ein Seelentrauma psychotherapeutisch behandelt wird. Allerdings würden wir bei dem angeführten Gedächtnisbeispiel eher von Gedächtnistraining sprechen und nicht von Psychotherapie, obwohl beides an der Psyche vollzogen wird.

In § 10 werden wir belehrt, dass man sowohl die «oberen» als auch die «unteren Seelenkräfte» trainieren soll, damit sie erhalten bleiben oder stärker werden. Jedoch wird an dieser Stelle noch nicht gesagt, was denn obere und untere Seelenkräfte sind und auf welche Weise man sie trainieren kann. Später, in den §§ 33 und 34 kommt Bolten ausführlicher darauf zurück. An derselben Stelle werde ich die beiden Begriffe und die zugehörige Philosophie erklären.

In § 11 stellt Bolten Überlegungen an, welcher Beruf wohl am besten geeignet sei, um die Psychotherapie auszuüben. Denn eigentlich sei so etwas nicht die Aufgabe des Arzneiverständigen, wie er den medicus (frz. médecin) eindeutscht. Eigentlich sei es eher die Aufgabe des Philosophen, zu denen, wie erwähnt wurde, auch die Psychologen zu zählen sind. Auch Priester würden grundsätzlich in Betracht kommen. Schließlich entscheidet er sich aber doch für den Arzt als geeignetsten Psychotherapeuten. Denn das Wort des Arztes wiege beim Patienten besonders schwer. Hier führt er das Beispiel eines Mannes im Zustand höchster Erregung an, ein Zustand, der die alte Bezeichnung «Raserei» erhält.

Raserei wurde in der frühneuzeitlichen Medizin als wichtigstes psychisches Krankheitsbild der Melancholie gegenübergestellt. Immanuel Kant erklärt die Krankheit so: «Der Zustand des gestörten Kopfes, der ihn gegen die äußeren Empfindungen fühllos macht, ist Unsinnigkeit; diese, so fern der Zorn darin herrscht, heißt die Raserei».[5]

§ 13. Bei psychischen Störungen, welche durch Krankheiten des Körpers verursacht werden, sei Psychotherapie an sich nicht angebracht, sondern es sei die Körperkrankheit zu behandeln. Als Zusatz könne jedoch eine psychische Behandlung von Nutzen sein.

§ 14. Da Körper und Seele so eng zusammenhängen, kann es nützlich sein, eine rein psychische Krankheit außer mit Psychotherapie zugleich mit Medikamenten zu behandeln. Der Psychotherapeut muss also kein Feind von Medikamenten sein. Ein ärztlicher Psychotherapeut kann beides in einem abgewogenen Verhältnis einsetzen. Das können philosophische (psychologische) und theologische Behandler nicht.

§ 15 und 16. Eine psychische Kur ist nach Bolten ebenfalls bei allen Körperkrankheiten nützlich. An Beispielen versucht er das ausführlich zu begründen.

Dies war eine Erkenntnis und Praxis Stahls gewesen, welcher Stahl sowohl seinen Ruhm als auch seine großen Erfolge als Arzt verdankte. Bolten erweist sich damit hier als ein Stahlianer. Viel weiter unten, im letzten

Abschnitt des Buches, § 54, wird Bolten sich dazu äußern, ob er sich selbst als «Stahlianer» betrachtet oder nicht. Das Wort Stahlianer gebraucht er wie selbstverständlich. Es war also in seiner Zeit ein geläufiges Wort.

§ 17. Unverständige und wenig feinfühlige Ärzte, stellt Bolten fest, machen im Umgang mit Patienten oft grobe Fehler. Das stimmt und ist auch heute noch so. Den richtigen Umgang lernen die heutigen Medizinstudenten im medizinischen Pflichtfach Medizinische Psychologie.

§ 18. Geistliche sollten nicht mit Kranken umgehen oder doch nur dann, wenn sie sich mit den Gesetzen der Psyche vertraut gemacht haben und die Arbeit des Arztes dadurch auf die richtige Weise unterstützen. Der Pastorensohn nutzt erneut die Gelegenheit zu einer Attacke aus der Sicht des Aufklärers.

> Es ist nicht zu verwundern, dass sich viele Arzneiverständige so sehr scheuen, einen Prediger zu ihren Patienten rufen zu lassen. Sie müssen in der Folge sehen, dass ihre Krancken mehrentheils nach dem Besuche eines Geistlichen weit schlimmer und ihre Umstände gefährlicher geworden sind, als sie vor der Erscheinung desselben gewesen.

§ 19. Wohlmeinende Freunde, welche einen Schwerkranken trösten wollen, sollten lieber vom Kranken ferngehalten werden, weil sie eher eine Belastung für ihn darstellen als eine Hilfe.

§ 20. Unentbehrlich und notwendig ist Psychotherapie auf jeden Fall bei den in der Psyche (also nicht im Körper) entstandenen Krankheiten. Allerdings können auch dabei eventuell zusätzlich Arzneimittel angewendet werden. Diesen Punkt wiederholt er, wohl auch um der Kritik durch die am Körper orientierten Ärzte vorzubeugen.

§ 21. Spezifisch nur auf die Psyche wirkende Medikamente, also Psychopharmaka im engsten Sinne unseres heutigen Wortes, gebe es nicht. Daher sei es auch zwecklos, rein psychische Störungen nur mit Medikamenten zu behandeln.

Zudem sind uns ia wenn es auch möglich wäre, keine untrügliche Arzneimittel (*specifica*) für dergleichen Gemüthskranckheiten bekandt.

Das gilt auch heute noch, wird aber oftmals vergessen.

§ 22. Zum Beispiel das Heimweh, die Nostalgia, wie sie vornehmlich die Schweizer befalle, sei doch nun unbezweifelbar eine psychische Krankheit, welche in der Psyche ihre Ursache habe. Also sei sie mit Psychotherapie zu behandeln. Zusätzliche Medikamente könnten aber dennoch hierbei nützlich sein.

Das Heimweh (nostalgia) ist ein solches Beispiel. Diese den Schweizern vor andern eigne Kranckheit bestehet darin, daß einer bei Gelegenheit einer ähnlichen Vorstellung, die er an einem Orte, wo er sich eine Zeitlang aufgehalten, gehabt, eine unbändige und brennende Begierde bekommt, denselben wieder zu sehen. Wer wolte läugnen, daß der erste Grund dieser Kranckheit in der Seele seinen Siz habe. Man versuche aber auch hier die besten Arzneimittel, sie werden diesem Uebel nicht den geringsten Einhalt thun.

Heimweh als Krankheit hat viele medizinische Schriftsteller fasziniert. Noch 1909 hat Karl Jaspers darüber eine ausführliche medizinische Dissertation geschrieben. Das Märchen, dass besonders die Schweizer davon betroffen seien, ist, wie Jaspers schreibt, erst 1731 entstanden. Zu Boltens Zeit war das noch eine junge wissenschaftliche Erkenntnis.

Jaspers hat die Quelle in einer lateinischen Dissertation von J. J. Scheuchzer aus dem Jahre 1731 ausgemacht.[7] Die Schweizer seien die reine Bergluft gewohnt, habe Scheuchzer geschrieben, und würden durch die unreine Luft des Flachlandes krank und bekämen dann eine Melancholie. Das klingt schon, als gehe es um die Umwelthysterie der modernen Zeit.

Ebenso Verliebtsein, ein anderes Beispiel, insbesondere im Anfang der Liebe, sei so etwas wie eine in der Psyche entstandene psychische Veränderung. Aber niemand könne so etwas mit Medikamenten behandeln.

> Derer Verliebten mus ich noch Erwähnung thun, weil dieser ihre Kranckheit sich beinahe auf das ganze menschliche Geschlecht erstrecken soll. Man sagt die Verliebten wären, besonders im Anfange ihrer Leidenschaft halbe Narren, oder damit ich es etwas gelinder gebe, um keine Lästerung wider das ganze menschliche Geschlecht zu sagen, sie wären entzückte. Kan wol iemand läugnen, daß diese Kranckheit ihren ersten Grund in der Seele habe? Aber nie hat man einen Verliebten durch Pillen und Pulver curiret.

§ 23. Wenn es aber um die berühmte Krankheit durch einen Biss von der Tarantel-Spinne geht, folgt Bolten auch als Aufklärer noch einer beliebten alten und heute noch so gegenwärtigen wie sagenhaften Vorstellung. Zuerst Bolten:

> Ein von einer Tarantel gebissener verfällt nach diesem Biß in eine Melancholie, wie solches alle diejenigen bezeugen, die hievon geschrieben haben. Es erstrecken sich demnach die Würckungen des Tarantelbisses ungemein in die Seele.

Bolten ist damit nicht allein, denn Wikipedia schreibt ebenfalls: «Die Berechtigung wird aber neuerdings angezweifelt, denn die Giftwirkung der Tiere ist verhältnismäßig schwach.» Nicht erst neuerdings jedoch, denn Bolten selbst macht hierzu genaue Angaben zu einer in seiner Zeit ganz frischen Quelle im *Hamburgischen Magazin* von 1748.[8] Dort hat ein nicht genauer beschriebener «Herr Homberg» lange «Anmerkungen» zu vielen Spinnen gemacht, ein Spinnenliebhaber also. Unter den Spinnen findet man auf den Seiten 68 und 69 auch die Taranteln, deren Spinnenkörper höchst genau beschrieben wird. Da jeder die Tarantel kennt, aber niemand weiß, wie sie tatsächlich aussieht, sei wenigstens der Anfang der Beschreibung des Herrn Homberg hier wiedergegeben.

> Die sechste Art dieser Spinnen ist die so bekannte Tarantel. Sie hat fast das Ansehen und die Gestalt unserer Hausspinnen: aber sie ist in allen ihren Theilen weit größer und stärker. Ihre Füße und die Unterseite ihres Bauchs sind schwarz und weiß gesprengt: aber die Oberseite des Bauches und ihr ganzer Vordertheil sind schwarz. Ihr Kopf und ihre Brust sind mit einer einzigen schwarzen Rinde bedeckt, welche einer kleinen Schnecke vollkommen ähnlich sieht. Die Spinnen von dieser Art haben acht Augen, welche ganz und gar von den Augen der anderen Arten von Spinnen unterschieden sind, sowohl ihrer Farbe als

übrigen Beschafenheit nach.

«Herr Homberg» glaubt auch nur halbwegs an deren sonderbare Wirkung, «obschon die Geschichte derselben etwas fabelhaftes bey sich zu haben scheinet» und verweist seinerseits auf eine noch ältere Quelle aus dem Jahre 1702. Auch in einem weiteren Punkt ist übrigens Wikipedia somit fehlerhaft, indem dort behauptet wird, die Erstbeschreibung der Tarantel stamme von Carl von Linné aus dem Jahre 1758.

In § 23 folgen weitere Indikationen für Psychotherapie. Ein Beispiel ist die Hypochondrie, die durch ihre «ausschweifende Einbildungskraft» kurz und auch für uns Heutige noch treffend beschrieben wird.

Es folgen ein paar weitere Indikationen, die Bolten der Hypochondrie zurechnet. Man kann sie aber wohl eher für Phobien oder Ängste anderer Art nehmen. Etwa wenn die Nase eine Elle zu lang sei (Dysmorphophobie?). Man finde das in vielen Schriften beschrieben, wobei als Quelle besonders auf ein Buch von Ernst Anton Nicolai (1744)[9] verwiesen wird. In dem zitierten Buch von Nicolai findet man tatsächlich auf Seite 15 und 16 eine Definition, «Was eine Einbildung und die Einbildungskraft sey.»:

Das Vermögen, ehemals gehabte Gedancken wieder in uns hervorzubringen wird die Einbildungskraft und die von neuen in uns vorgebrachte Gedancken, so wir ehemals gehabt haben, werden Einbildungen genannt.

Zur Einbildungskraft oder Imagination hat es zu der damaligen Zeit tatsächlich eine umfangreiche Literatur gegeben. Man hat wenig später versucht, dies zur psychischen Beeinflussung von Krankheiten zu verwenden, ohne das freilich als eine komplette Lehre auszubauen.[10] Als aktive Imagination nach C. G. Jung ist das auch heute noch ebenso Teil der modernen Psychotherapie wie die katathym-imaginative Psychotherapie (katathymes Bilderleben) von Hanscarl Leuner.[11]

§§ 24 und 25. Selbst bei unheilbaren Krankheiten sei Psychotherapie anzuwenden.

Drittens sind auch da die psychologischen Curen nothwendig, wo die Kranckheiten im Körper unheilbar sind. Man giebt uns in der Arzneiwissenschaft nachfolgende Regel: wo man Kranckheiten nicht heilen kan, da sey man dahin bedacht, die schweresten und gefährlichsten Zufälle zu beheben, damit man, wo unser Augenmerk auf die völlige Wiedergenesung nicht kan gerichtet seyn, wenigstens dem Leben ein längeres Ziel sezze.

Das sind kluge und sehr ärztliche Gesichtspunkte. Solche Behandlungsprinzipien wurden also nicht erst in der Moderne entwickelt. Wir nennen das lebensverlängernde Maßnahmen zusammen mit einer besonders angepassten psychotherapeutischen Behandlung. Heute heißt dieses Gebiet, sofern Krebs die unheilbare Krankheit ist, Psychoonkologie.

Man siehet hieraus, daß die melancholische traurige Gemüthtsverfassung eines innerlich verlezten und unheilbaren Krancken eine der gefährlichsten Zufälle dieser unüberwindlichen Kranckheiten sey, wodurch der Tod beschleunigt wird. Diesen üblen Folgen mus ein Arzneiverständiger durch Wegschaffung ihres Grundes abhelfen, und ihnen, wenn er noch nicht vorhanden ist, vorbauen, wie dieses seine Pflicht bey unheilbaren Kranckheiten von ihm erheischt. Im vorhergehenden § ist erwiesen worden, daß die psychologischen Curen dieses zu leisten vermögen.

Zwar wird Melancholie von Bolten auch an anderer Stelle mehrfach erwähnt, aber er behandelt deren Zeichen und Probleme nicht in einem eigenen Kapitel und vermittelt daher auch keine unmittelbare Vorstellung davon, was genau unter Melancholie zu verstehen sei. Aber in den Attributen, die Bolten dabei verwendet, erkennen wir durchaus die heutige Depression: u. a. 'finstere Melancholie', 'melancholische Traurigkeit', 'melancholische traurige Gemüthsverfassung'. Schließlich steht bei Bolten 'Melancholie' gleichgewichtig neben den Gegenbebegriffen 'Tollheit' und 'Raserei' als den wichtigsten vorkommenden psychischen Krankheiten.

§ 26. Aufregungen bei einer Krankheit, aber ebenso besondere Freuden, etwa wie die bei Wöchnerinnen, machen ebenfalls Psychotherapie notwendig.

In den §§ 27 und 28 behandelt Bolten an sich die Gallenkrankheiten. Er führt es aber so aus, dass man merkt, er spricht eigentlich von der Gastritis, also vom Magen, und dass diese Krankheit durch Gemütsbewegungen verursacht wird, dass der Arzt nachteilige Gemütsbewegungen also verhindern soll.

Lediglich die somatische Seite dieser psychosomatischen Vorstellung ist heute komplexer und komplizierter. Bolten meint, die Krankheit entstehe dadurch, dass Galle in den Magen fließt und Entzündung hervorruft. Als Typ-C-Gastritis ist das heute nur noch eine der Formen der Gastritis, aber nicht die einzige.

Man verhüte diese Gemüthsbewegungen nach denen vorgeschriebenen Regeln, so beuget man gewis denen gewöhnlichsten Gallenkranckheiten vor.

§ 29. Immer wieder reitet Bolten drastische ironische Attacken gegen Ärzte, die keine Psychotherapie anwenden.

Die Arzneigelehrten sezzen ihre ganze Kunst in ein langsames Achselzucken, und eine frech vorgetragene Ermanung zur Gedult. Man siehet hieraus, dass es ihnen in diesem Stücke noch gar sehr fehle, und dass hier der Knoten sizze.

§ 30 stellt eine Art Zusammenfassung dessen dar, was bislang im Buch vorgestellt worden war.

(A) Definition von Psychotherapie:

Psychologische Curen sind solche Seelencuren, die nach den Gesezzen der Natur der Seele eingerichtet sind §9.

(B) Gelernt wird Psychotherapie durch spezielles Training:

Wer demnach psychologisch curiren lernen will, muß sich um die Erlernung der Gesezze der Natur der Seele bekümmern.

Der Arzt, der psychotherapieren will, muss sich an einem Modell der Psyche orientieren.

In einem nicht mit Namen gezeichneten Bericht im Internet heißt es, mit diesem Satz habe Bolten «klar zum Ausdruck gebracht, dass ein Psychologiestudium als Grundlage der Psychotherapie, von ihm damals ‚psychologische Kur' genannt, erforderlich ist.» Das ist ein verzerrendes Missverständnis. Zu Boltens Zeit gab

es zwar eine Psychologie, die zur Philosophie gehörte, aber es gab kein separates Psychologiestudium. Die
Seelenärzte sollen sich nach Bolten in der Philosophie
umsehen. Das gehört auch heute zur Psychiatrie und
medizinischen Psychologie.

(C) Psychotherapie kann man lernen, wenn man bestimmte philosophische Lehren in sich aufnimmt.

... so muß einer, der psychologische Curen anzustellen
lernen will, sich in der Metaphysick umsehen. Denn wer
in der Ontologie und Cosmologie ein Fremdling ist, wird
nie geschickt seyn, das Gebiet der Psychologie ohne Anstoß durchgehen zu können.

Das gehört auch heute sozusagen zum philosophischen Allgemeinwissen. Metaphysik ist die Grund-
lagenwissenschaft der Philosophie. Sie setzt sich zusammen aus der Lehre vom Seienden selbst (Ontologie),
vom Wesen der Welt (Kosmologie), vom Menschen
(Anthropologie) und vom Wesen oder der Existenz
Gottes (Theologie). Die Psychologie wird hier wieder
als Teilgebiet der Philosophie verstanden.

(D) Dem folgt noch einmal eine kräftige Metapher
gegenüber Ärzten, welche nichts von Philosophie und
Psychotherapie halten, wie es sie ja wohl auch heute
noch zahlreich in der Welt gibt.

Woher mag es doch wol kommen, dass die meisten Arzneiverständigen geschworne Feinde der Metaphysick
sind? Sie müssen die Unentbehrlichkeit dieser Wissenschaften zu psychologischen Curen, und die Nothwendigkeit dieser Curen nicht einsehen; sie würden ia sonst diese
Wissenschaft nicht so sehr verachten, und die Erlernung
derselben anderen so gar abraten. Mich deucht, ein Arz-

neiglehrter, der sich der Praxis ergiebt, und keine Metaphysick gelernet hat, sey nichts weiter, als eine lebendige
Apothecke."

Der Arzt als bloßer Tablettenverschreiber, ist eine
von Bolten verachtete Person. Das ist auch eine provo-
kativ-schöne Metapher.

Theorien zur Psyche in Boltens Zeit

In § 31-35 stellt Bolten die Theorien vor, aus denen die von ihm beworbene Psychotherapie abgeleitet wird. Es kommt auf die einzelnen philosophischen
Begründungstheorien hier nicht unbedingt an. Bolten
übernimmt sie aus der Philosophie seiner Zeit und von
seinen Freunden. Wichtig ist hier eigentlich nur, dass
überhaupt ausführlich in Theorien eine Begründung
für psychotherapeutisches Handeln gesucht wird. Die
Psychotherapien, die wir heute anwenden, haben ebenfalls eine solche, unserer Zeit entsprechende philosophische Begründungstheorie als Grundlage. Auch sind
heute ebenso wie zu Zeiten Boltens die Schöpfer (Erfinder) solcher Theorien und Therapien mehr oder weniger überzeugt davon, dass es sich um unumstößliche
Wahrheiten und nicht nur um Theorien handelt.

Trotz solcher Einschränkungen sollen nachfolgend die
in den Texten erwähnten Theorien wenigstens kurz dargestellt und ihre Wurzeln kenntlich gemacht werden. Es
handelt sich einerseits um die Theorie der oberen und
unteren Vorstellungskraft und andererseits um die Theorien der oberen und unteren Begehrungskraft. Diese

Begriffe sind uns kaum noch geläufig. Andererseits handelt es sich um die Ästhetik. Beides ist in Boltens Darstellung und den Vorstellungen seiner Zeit eng miteinander verbunden.

Vorstellungs- und Begehrungskräfte

«Obere Begehrungskräfte» kann man sich grob übersetzen mit Verstandeskräften, welche den «unteren Begehrungskräften» und damit der dunkleren Welt der Emotionen oder Affekte gegenüberstehen. Im weiteren kann ich mich auf eine zeitgenössische Erklärung mit dem Titel *Gedancken über den Unterschied der obern und untern Erkenntniß- und Begehrungskräfte* stützen, welche der Jurist und Philosoph Adolf Friedrich von Reinhard (1726-1783) dazu in den *Hannoverschen Gelehrten Anzeigen* von 1753 veröffentlicht hat.[12] Bolten hat diese Erklärungen zwar noch nicht kennen können, er kannte aber gewiß andere, von ihm nicht ausdrücklich genannte Quellen dazu.

... dass man die obere Vorstellungskraft der Seele durch diejenige erkläret, wodurch wir uns deutliche Begriffe machen. [...] Die wenigsten Menschen wissen Merkmale ihrer Ideen anzugeben, und sie haben doch Begriffe von den Abstractis und Dingen, die nur mit dem Verstande begriffen werden. Wir schreiben ihnen daher notwendig eine obere Vorstellungskraft zu.

Hinsichtlich der unteren Vorstellungskraft setzt sich Reinhard zunächst von einer Vereinfachung ab.

Ebenso unbegründet ist auch die Erklärung der untern

oder sinnlichen Vorstellungskraft (man nimmt das Wort Kraft hier im weiten Verstande,) dass sie das Vermögen sey, sich dunkele und klare, doch verwirrte Begriffe zu machen. [...] Wo also diese Deutlichkeit fehlet, gehöret die Idee deswegen noch lange nicht zur untern Vorstellungskraft.

Die Begehrungskräfte unterscheiden sich in der gleichen Weise wie die Vorstellungskräfte in obere und untere. Jedoch lasse sich beides nicht vollständig trennen.

Auf dem Unterschiede der vorstellenden Kräfte beruhet der Unterschied der Begehrungskräfte. [...] Das Vergnügen und die Liebe z. E. [zum Exempel, z. B.] welche aus einer in die äusserlichen Sinne fallenden Schönheit entstehen, setzen ja eine Idee der Schönheit, Vollkommenheit und Harmonie voraus, die nicht sinnlich ist, und deren auch die Thiere nicht fähig sind. [...] [Zu der unteren Begehrungskraft können] keine anderen Begierden und Verabscheuungen gerechnet werden, als die, welche durch die blossen Empfindungen der fünf Sinne völlig bestimmet werden, und die daher in eben dem Maasse wie sie in Menschen sind, auch bey Thieren statt haben.

Wenn Bolten also von «sinnlich» spricht, was mehrfach vorkommt, dann bezieht es sich auf etwas, was mit einem der fünf Sinne aufgenommen worden ist, nicht auf Sexualität.

Ästhetik

Eine weitere herausragende Rolle in den Begründungen Boltens spielt die Ästhetik in einem besonderen und damals ganz neuen Sinne. Ästhetik oder ästhetisch kommt im Boltenschen Text mehr als ein Dutzend Mal vor. Beispiele:

– Allein, eine Wissenschaft, wie die Aesthetick ist, daraus man eben so wol lernen kan, eine Anakreontische Ode zu machen, als Gemüthskranckheiten zu curiren, ...

– ... die Beobachtung der Aesthetischen Gesezze...

– Die Aesthetick wird uns also die Gesezze und Regeln der untern oder sinnlichen Erkenntniskräfte genauer und weitläuftiger anführen und erklären als es in der Psychologie geschehen ist kan.

– Die Aesthetick lehret ferner die Regeln, wie man die Sinne verbessern soll. Die Sinne haben unter allen Erkenntniskräften den genauesten Zusammenhang mit dem Körper: man mus demnach bei Verbesserung derselben hauptsächlich darum bemüht seyn, daß der Körper seinen besten Stand, und die Gliedmassen der Sinne ihre vollkommenste Bewegung bekommen.

– Da die Aesthetick Regeln an die Hand giebt, wie man alzustarcke Empfindungen unterdrücken solle, so wird ein ieder leicht versichert seyn können, daß man dieselben bei dem Schmerz mit vielem Nuzzen werde anbringen können.

– Die Aesthetick gibt uns auch Anweisung, wie wir die Einbildungen erregen und unterdrucken sollen. Viele tausend schädliche Zufälle bei den Kranckheiten der Seele und des Körpers können durch Beobachtung dieser Regeln gehoben werden.

– Die Aesthetick lehrt die Regeln, wie man den Wiz verbessern soll.

Immer wieder heißt es: «Die Aesthetick lehret...» In
den Jahren, in welchen Bolten seine Schrift zur Psychotherapie vorbereitete, war die Ästhetik als Theorie neu
entstanden. 1748-1750 hatte «der berühmte Herr Prof.
Meier», wie Bolten ihn nennt, nacheinander drei Teile
der Anfangsgründe aller schönen Wissenschaften veröffentlicht, an denen sich Bolten orientierte. Gemeint ist
der Philosoph Georg Friedrich Meier (1718-1777), der
diese Bände publizierte.

Zuvor hatte Ästhetik als jener Zweig der Philosophie
gegolten, welcher allgemein vom Schönen und insbesondere von den Künsten handelt. Nunmehr wird in
der neuen Ästhetik der Bereich des sinnlichen Fühlens,
Gefühls und Empfindens, also der dunkle Grund der
Seele als selbständige Einheit dem hellen Horizont der
Logik und Vernunft gegenübergestellt. Genau das be-
sagen auch die Worte, das Vernünftige (νόημα) und das
Ästhetische (αίσθητα). Was durch die fünf Sinne - sinnlich - wahrgenommen und beurteilt wird, kann nicht
durch Vernunft und Logik begründet werden, sondern
steht dazu in einem Gegensatz.

Wenn man dies mit Freuds Schichtenmodell der Psyche vergleichen will, was freilich nur in äußerst grober
Annäherung möglich ist, dann entspricht die so gemeinte Ästhetik den Vorgängen im «Es», welche der
Vernunft nicht direkt zugänglich sind. Es ist in der neu-
en Ästhetik aber nichts von Bewusstsein und vom Unbewußten enthalten. Auch werden diese Worte nicht
gebraucht. Eher vermittelt eine Redensart von heutigen

Künstlern eine Vorstellung. Wenn diese gefragt werden, warum und mit welchem Ziele sie dieses oder jenes Bild gemalt hätten ist die Antwort oft: «aus dem Bauch heraus», will sagen ohne vernünftige Überlegungen.

Der Psychotherapeut soll nach Bolten die sich dabei abspielenden innerseelischen Vorgänge kennen und für die Behandlung nutzen. Auch in so weit folgt der Psychotherapeut Boltenscher oder Stahlscher Art den damals neuesten philosophischen Erkenntnissen. Bolten hat offenbar die Bedeutung dieser Ästhetik sofort und richtig erkannt und sucht sie für die Psychotherapie zu nutzen.[14] Aber praktische Anweisungen kann er doch nicht geben, da verweist er lieber auf die Originale der Quellen, aus denen sie sich dann wohl jeder selbst schöpfen soll.

Weitere Anmerkung dazu: Die grundlegenden Schriften dieser neuen Ästhetik sind eigentlich nicht die erwähnten Arbeiten Georg Friedrich Meiers, sondern die *Meditationes philosophiae de nonullis ad poema pertinentibus* (1735)[15] (Philosophische Betrachtungen über einige Erfordernisse eines Gedichtes) von Alexander Gottlieb Baumgarten (1714-1762). Auch er war einer der Pastorensöhne. Baumgarten war zunächst Privatdozent an der Universität Halle gewesen und lehrte dann als Professor der Weltweisheit und der schönen Wissenschaften an der Universität Frankfurt an der Oder. Die eben genannte, nur in lateinischer Sprache veröffentlichte Schrift galt als schwer zugänglich. Der genannte Georg Friedrich Meier, auch er ein Pastorensohn, auf den sich Bolten beruft, hat die Ideen Baumgartens, man kann sagen, popularisiert und jedenfalls für die Gebildeten der Zeit zugänglich gemacht. Die neue Ästhetik von damals wirkt bis in die Gegenwart fort und bestimmt noch heute wichtige Teile unseres Denkens. Diese Ästhetik war eine Vernunftwissenschaft des Schönen. Die ästhetischen Gefühle sind demnach eingehüllte Urteile und somit letztlich Erkenntnisse der Vernunft.

Gemütsbewegungen

Gemüt, Gemütsunruhen und Gemütsbewegungen sind Worte, die bei Bolten immer wieder vorkommen. Gemüt ist dabei das Innere des Menschen, das in einem Gegensatz zum Körper steht. In § 34 heißt es deshalb:

> Die philosophische Pathologie ist die Lehre von den Affekten, deren ästhetischer Teil lehret, wie man die Gemüthsbewegungen erregen, unterdrücken und in seiner Gewalt haben soll. Wer weis nicht, was die Gemüthsbewegungen vor unglaubliche und erstaunende Würckungen in dem Körper hervorbringen, und dieses ist hinlänglich denen Arzneigelehrten und andern, die mit Krancken zu tun haben, diese Wissenschaft auf das Sorgfältigste anzupreisen. Man kann sich hier des Herrn Prof. Meiers gelehrte Schrift von Gemüthsbewegungen mit grossen Nuzzen bedienen.

Bei Bolten wird Gemütsbewegung immer im Sinne einer lebhafteren Erregung des Gemüts gebraucht und nicht in der geläufigeren Bedeutung der Herzenserregung, der Rührung und des Gerührtseins. Es komme demnach in der Psychotherapie nicht nur darauf an, erregte Gemüter zu beruhigen, sondern auch darauf, stumpfe Gemüter zu erregen. In der Tat hat Georg Friedrich Meier auch dazu 1744 die ausführliche Schrift *Theoretische Lehre von den Gemüthsbewegungen überhaupt* verfaßt.[16] Darin werden auf 504 Druckseiten alle denkbaren Gemütsbewegungen behandelt. Auch das ist eine frühe Darstellung, die aber hier nicht weiter vertieft werden kann. Unzer hatte ebenfalls, schon vor Boltens Buch, eine Schrift (*Neue Lehre von den Gemüthsbewegungen*) dazu veröffentlicht.[17] In der zweiten Hälfte des 18. Jahrhunderts und noch darüber hinaus sind zahlreiche weitere Schriften zu Gemütsbewegungen erschienen.[18] Eine praktikable Technik der Gemütsberuhigung hat Bolten nicht angegeben. Eine solche erscheint erst später, etwa in Form einer Musiktherapie nach dem biblischen Vorbild von David, der den melancholischen König Saul mit der Leier erheitert.

Achtsamkeit und Aufmerksamkeitsstörungen

§ 36 wirkt schon deshalb modern, weil darin das Wort Aufmerksamkeit ein Dutzend Mal vorkommt. Das Kapitel stellt eine nicht einmal kleine Lehre von Achtsamkeit, Störungen der Aufmerksamkeit und deren psychotherapeutischen Behandlung dar.

Sprachlich bevorzugt wird bei Bolten der Ausdruck Aufmerksamkeit gegenüber dem laut dem Grimmschen Wörterbuch gleichbedeutenden, jedoch einer höheren Stilebene angehörenden Ausdruck Achtsamkeit. Er will immer von möglichst vielen Lesern verstanden werden.

Die Störung der Aufmerksamkeit kann darin bestehen, dass die Aufmerksamkeit auf zu viele Objekte gleichzeitig gerichtet wird. Dadurch gibt der Patient weder auf die reale Welt acht noch auf das, was eigentlich sein Problem ist. Unsinnige Handlungen sind die Folge.

Oder die Aufmerksamkeit wird von einem einzigen Objekt so absorbiert, dass sich der Geist deshalb verwirrt.

Die (psychotherapeutische) Behandlung geschieht durch Aufmerksamkeitslenkung. Daher ist etwa die Aufmerksamkeit von vielen Objekten fort- und auf ein einziges Objekt hinzulenken.

Bolten gibt dazu ein technisches Beispiel. Man ließ Wasser so in einen kupfernen Kessel tropfen, dass es bei jedem Tropfen schallte wie bei einer Glocke. Die Aufmerksamkeit wurde nun einzig davon angezogen, die Ursache für den Glockenklang zu erforschen.

Wesentlich bleibt auch hier, dass von einer theoretischen Vorstellung ausgehend ein praktikables Verfahren abgeleitet wird und man sich intensiv um einen einzelnen Menschen und seine Psyche bemüht. Die Beschreibung macht zugleich klar, dass Bolten nicht an so etwas wie die Aufmerksamkeits-/Hyperaktivitätsstörung gedacht hat. Unter dieser verbergen sich sicher oft solche aktuellen Probleme, wie die von Bolten genannten, um die man sich dann nicht kümmert, sondern sie lieber pharmakologisch zu bekämpfen versucht.

Weitere Erklärungen zu den einzelnen Paragraphen

In § 37 stehen am Ende ein paar Sätze, zu denen die meisten modernen Leser Erklärungen brauchen.

Die Arzneiverständigen beobachten hier auch sogar selbst diese Regel, ohne dass sie selbige recht einsehen. Denn wenn wir, wie wir sagen, eine Revulsion machen, so folgen wir blos der ästhetischen Regel: Man errege mehrere Empfindungen anderer Art. Welcher Arzneigelehrte denckt wol, wenn er Frictionen [Abreibungen oder Massagen, U.H.P.] verordnet, dass er diese Cur der Ästhetick schuldig sei. Diese einzige Regel brauchen wir bei Verminderung des Schmerzens am meisten. Ein Arzneiverständiger, der zugleich in der Ästhetick bewandert ist, wird noch gleich vielerlei andre Regeln wissen, die eben dieselbe Würckung zu thun vermögen.

«Revulsion» ist an sich die alte medizinische Methode der Ablenkung des Blut- und Säftestroms aus (durch Entzündung) gereizten Organen. Benutzt wird dazu eine besonders starke Durchblutung an anderer Stelle oder Ähnliches. Hierzu zählt auch die Reizung sensibler Hautnerven zur Bekämpfung innerer Schmerzen. Das ist an dieser Stelle gemeint. In der Volksmedizin wird diese Methode weiterhin ausgeübt.

§ 38 geht wie schon § 23 auf Einbildungen ein, die der Arzt anregen oder unterdrücken soll. Das Notwendige dazu wurde in den Anmerkungen zu § 23 gesagt. An dieser Stelle geht es Bolten nur darum, auch das aus der Ästhetik herzuleiten, wie diese weiter oben erläutert wurde.

In § 39 gibt Bolten eine andere psychotherapeutische Technik als Regel wieder: Heilung durch Vergleich. Wenn der Arzt im Umgang mit seinem Patienten erfährt, dass jemand anderes, der dem Patienten bekannt ist, etwas Ähnliches gehabt hat und welcher bald davon gekommen ist, wie Bolten sich ausdrückt, dann kann der Arzt die Gedanken des Patienten darauf lenken, dass es bei ihm genauso sei. Das sei eine psychologische Kur.

E. T. A. Hoffmann, der sich in den psychotherapeutischen Methoden des 18. Jahrhunderts gut auskannte, hat in der Erzählung *Das Sanctus* (1817) das schöne Beispiel einer Sängerin beschrieben, deren psychogene Aphonie geheilt wurde, indem ihr eine Parallelgeschichte erzählt wurde.

Auch diese Methode kann man als Aufmerksamkeitslenkung bezeichnen. Später, bei Immanuel Kant, gibt es so etwas ebenfalls. Kant schreibt 1798 über eine Selbstheilung durch Aufmerksamkeitslenkung:

Aber über ihren Einfluß auf meine Gedanken und Handlungen bin ich Meister geworden, durch Abwendung der Aufmerksamkeit von diesem Gefühle, als ob es mich gar nichts anginge.[19]

Aus dem kollektiven Gedächtnis der Psychiater und Psychotherapeuten des 20. Jahrhunderts war die Behandlung durch Aufmerksamkeit allerdings gelöscht worden, so dass sie im dritten Jahrtausend als etwas scheinbar Neues wiederentdeckt werden konnte. Inzwischen gibt es dazu eine große populäre Beratungs- und Coachingliteratur.

§ 40 behandelt die krankmachende, bannende Liebe, die als Krankheit angesehen wird. Das hat Bolten so aus der Antike übernommen. In den Beispielen sind es übrigens immer wieder die Männer, die unglücklich lieben.

Die heutige Lehre von psychischen Erkrankungen kennt nicht mehr Liebe als Ursache von Melancholie oder anderer Krankheiten. Auch zu Boltens Beispiel eines verliebten jungen Mannes gibt es in unserer heutigen Erfahrung keine Parallele. Der Mann liebte nach Boltens Darstellung die Frau, weil sie ihm so ähnlich sei. Als man ihn überzeugt hatte, dass in Wirklichkeit keine Ähnlichkeit bestehe, war er von der Liebe geheilt. Liebe ist hier offenbar ohne Anspielung auf Sexualität gemeint.

§ 41. Das Bild des Vaters, der durch den Tod eines Kindes in eine nachvollziehbare Schwermut verfällt, wie Bolten es hier schildert, ist uns Heutigen so, als Krankheit, ebenfalls nicht mehr geläufig. Wir würden wohl eher von einem Trauma sprechen, von Seelenverletzungen, Trauer und von notwendiger Trauerarbeit. Dass darin eine Begründung für Psychotherapie liegt, sehen wir aber genauso. Es ist ein altes Bild und kommt in vergleichbarer Weise beispielsweise in einem Bericht des Verlegers Kunze zu einer Erinnerung E. T. A. Hoffmanns vor. Nur, dass es sich da nicht um Psychotherapie, sondern um eine Art von Musiktherapie handelt.

Unvergeßlich aber bleibt es mir [Hoffmann], mit welcher Suade er mich einst überredete, der Vorstellung dieser Oper [Don Juan] beizuwohnen, nachdem ich durch den ein paar Tage zuvor erlittenen Verlust eines Kindes von

tiefstem Schmerz erfüllt war. Der Freund, dessen Trostgründe auf keine Weise bei mir Eingang fanden, glaubte
und versicherte mich, dass es das einzige für ein augen-
blickliches Vergessen meines Schmerzes sichere Mittel
sei, der Vorstellung mit ihm beizuwohnen. Ich weigerte
mich den ganzen Tag hindurch. Am Abend, als die Stunde
des Anfangs herannahte, sagte er: «Freund, kommen Sie;
ich will nie wieder Ihr Haus betreten, Sie sollen mich nicht
mehr ansehen, wenn Sie – ich kenne Sie zu genau – durch
die göttlichen Töne des ewigen Meisters auf ein paar Stun-
den wo nicht Ihren Schmerz vergessen, doch sich erleich-
tert, erhoben fühlen. Kommen Sie – bei keiner Oper in
der Welt würde ich es wagen, Sie darum zu bitten, bei dieser bin ich des Siegs gewiss. Kommen Sie!» – Und da ich
noch überlegte, was ich tun sollte, zog er mich schon am
Arme mit sich fort.[20]

Selbstverständlich trat die gewünschte Wirkung ein,
sonst wäre die Geschichte wohl nicht erzählt worden.

Sigmund Freud, um ein neueres bekanntes Beispiel
zu nennen, verfiel beim Tod seines Enkelsohns Heinele
Halberstadt in einen Zustand tiefer Zweifel am Leben.
Nach alter Beschreibung sind Zweifel am Leben der
Inhalt von Melancholie. Wie nun nach Bolten das Bild
eines solchen Ereignisses im Gedächtnis des Vaters
überschrieben werden soll, denn so ist es wohl etwa gemeint, bleibt schwer nachvollziehbar.

§ 42. Die chimärischen Köpfe, von denen Bolten
in diesem Abschnitt spricht, sind träumerische Menschen, die mit irrender Einbildungskraft Hirngespins-
ten nachjagen. Es ist ein Lieblingsthema auch der schönen Literatur dieser Zeit. Da aber auch dichterisches
Schaffen denselben Quellen entspringe, müssen mehr

Überlegungen angestellt werden. Durch Anwendung von Regeln und den Gebrauch von Scharfsinn müssen die Ergebnisse verbessert werden. Bolten sagt hier nicht, dass es sich um etwas Krankhaftes handelt, das psychotherapiert werden müsse. Ausführungen darüber, warum das eine für eine Krankheit gilt und das andere nicht, finden sich hier nicht. Man hätte gern gewusst, wie Bolten sich das denkt.

§ 43 enthält eine der Stellen, in denen Bolten von Melancholie und deren ärztlich-psychotherapeutischer Behandlung spricht. Den Melancholiker aufzuheitern soll das Heilmittel sein.

> Bei einem melancholischen Patienten mus man z. E. [zum Beispiel] angenehme Gemüthsbewegungen hervorzubringen suchen. Ein solcher Mensch ist wie unsre Väter, die immer über das Verderben der neuern Zeiten klagen. Seine Gemüthsart lässet es ihm nicht anders zu, er mus sich alle Dinge von der schlimmsten Seite vorstellen. Ist es nicht nothwendig, um angenehme Gemüthsbewegungen in ihm zu erregen, dass man seinen Geschmack vorerst verbessere, und ihn gewöhne sich auch die schönen Seiten derer Dinge vorzustellen.

Dieser Mangel an weiteren Erörterungen zur Melancholie ist an sich verwunderlich. Denn gerade das 18. Jahrhundert und insbesondere deren erste Hälfte war eine Epoche der Melancholie. Sie war die kennzeichnende Krankheit dieses Jahrhunderts, ähnlich wie heute die Krebskrankheit die charakteristische Krankheit unserer Zeit ist.[21] Wir können das hier vorerst einfach nur feststellen. Begründen läßt es sich nicht, weil Bolten keine weiteren Schriften hinterlassen hat, die man befragen könnte.

§ 44 handelt eigentlich, wie man es heute nennen würde, von der Droge Arzt, die jeder gute Arzt auch absichtlich und gezielt einzusetzen weiß. Man würde das nicht als Psychotherapie betrachten, obwohl es sich um die Einwirkung der Psyche des Arztes auf die Psyche des Kranken handelt. Bolten weist dies Thema der Philosophie der Ästhetik und damit den angenehmeren seelischen Bereichen zu und richtet einen Appel an die Ärzte:

> Die Aerzte klagen oft darüber, daß ihre Patienten zu ihnen, zu ihren Arzneien, ia zu ihrer eigenen Genesung kein genugsames Vertrauen hätten. Sie sollten bedenken, daß sie sich mit solchen Klagen blos geben, denn wenn sie aesthetische Köpfe wären so würde es allemal in ihrer Gewalt stehen, ein solches Vertrauen zu erwecken.

§ 45 bezieht sich ebenfalls auf das wünschenswerte richtige ärztliche Handeln. Wenn ein Kranker glaubt, Grund zu haben, das Schlimmste befürchten zu müssen und dafür Zeichen angibt, die er in seinem Körper wahrnimmt, dann soll man ihm unnötige – nur unnötige – aus einer falschen Deutung stammende Ängste nehmen. Auch das würde man heute wohl nicht als Psychotherapie sehen, sondern der ärztlichen Kunst im allgemeinen zuweisen.

§ 46. Bolten verkündet hier einen Wechsel des Themas oder der Methode. Die Abschnitte, in denen die Ästhetik im Neumannschen Sinne zur Erklärung und zur Therapie angewendet wurden, sind damit abgeschlossen. Die Ästhetik wird, wie berichtet, in dieser Philosophie antipodisch der Logik gegenüber gestellt.

Daher folgen nunmehr Abschnitte, in denen die Logik als Mittel der psychotherapeutischen Beeinflussung eingesetzt wird.

Logik als Mittel der Psychotherapie

§ 47 bringt ein ausführliche Darstellung eines lehrbuchartigen Beispiels von aktiver Desensibilisierung, eine Konfrontationsbehandlung – nach heutigen Begriffen. Bolten benutzt das auch heute noch in der Verhaltenstherapie so beliebte Beispiel einer Arachnophobie oder Spinnenangst und zeigt deren schrittweise Desensibilisierung. Es erscheint auch nicht unvernünftig, dass Bolten den Vorgang als Korrektur eines falschen Wissens auffasst. Das ist nicht sehr weit entfernt von den heutigen Ableitungen aus der Lerntheorie. Selbst die allermodernste Augmented-Reality-Konfrontationstherapie mit einer Datenbrille, welche dem Patienten die Spinnentiere auf den Bildschirmen der Brille sehen lassen, unterscheiden sich nur durch das High-Tec-Instrument von Boltens Vorgehen.

Es dürfte auch für die Verhaltenstherapeuten von Interesse sein, dass diese Art von Therapie zu den frühesten überhaupt gehört und nicht erst erfunden wurde, um sich damit von der Psychoanalyse abzusetzen.

§ 48. Hier stehen einige Beispiele, wie durch ein Gehirntraining, wie wir heute vielleicht sagen würden, etwaige Mängel des Verstandes gebessert oder beseitigt werden können. Auch dies ist somit als ärztliche Behandlungsmethode bei Bolten bereits vorhanden.

(1) Die erste Empfehlung einer Anwendung bezieht sich auf Menschen, welche im Gebrauch des Verstandes noch nicht das ihrem Lebensalter entsprechende Niveau erreicht haben, also Debile.

(2) Beim Aberwitz (mente captus) helfe das ebenfalls. Das Wort Aberwitz hat aber um 1750 eine so allgemeine Bedeutung von einer nicht richtigen Benutzung des Verstandes, dass man das auf keine bestimmte heutige Art von Störung beziehen kann.

(3) Der dritte Fall für Gehirntraining ist wohl besser zu verstehen, wenn man ihn gegen den Strich liest und im Klartext darstellt. Es ist das Beispiel eines Pathologen, eines pathologischen Anatomen, der bei seiner täglichen Arbeit mit toten Menschen die Hinfälligkeit der weiblichen Schönheit immer wieder erlebt und darum nicht zum Heiraten gekommen sei. Die (weibliche) Schönheit sei aber eine Triebfeder, welche uns zu verschiedenen Verrichtungen auf die angenehmste Weise zwingt, die wir sonst wohl nicht über uns nehmen würden.

Vielleicht ist die körperliche Leistung beim Sexualverkehr als eine der «Verrichtungen» gemeint. Man durfte in Boltens Zeiten alles sagen, mußte es aber in verkleideter Form tun, so dass auch andere Deutungen möglich sind. Jedenfalls sei bei diesem unglücklichen Pathologen etwa durch Gehirntraining die Berufskrankheit von falschen Vorstellungen zur Hinfälligkeit weiblicher Schönheit beseitigt worden.

§ 49. In diesem Abschnitt geht es um den richtigen Gebrauch der Vernunft, den man dadurch verbessern könne, dass man die Regeln der Logik gut beherrsche.

Dies könne auch am Krankenbett nützlich sein. Allein, so schreibt Bolten, die beiden Philosophen Baumgarten und Meier, die so viel für die Ästhetik geleistet haben, sollten dasselbe doch bitte auch noch für die Logik tun. Bolten nutzt hier die Gelegenheit zu einem Hieb gegenüber der überwundenen und ungeliebten Philosophie der Scholastik.

> Es wäre zu wünschen, daß wir schon eine volständige Vernunftlehre dieser Art aufweisen könnten, worinn die Regeln, den Verstand und die besonderen Arten desselben zu verbessern eben so ausführlich und gründlich vorgetragen würden, als die beiden berühmten Weltweisen, Herr Baumgarten und Herr Meier in der Aesthetick gethan haben.

Darf man das als eine Aufforderung auffassen, eine kognitive Verhaltenstherapie zu entwickeln?

In § 50 kann der Leser das meiste von dem anwenden, was er in den vorangegangenen Abschnitten gelernt hat, muss es allerdings auch. Nur dann wird der ganze Text verständlich. Dennoch folgen hier ein paar zusätzliche Erläuterungen vor allem begrifflicher Art.

«Philosophische Pathologie», wie es hier steht, darf man sich direkt mit «Psychopathologie» übersetzen. Da der Leser auch schon weiß, was unter «sinnlich» zu verstehen ist, wird er gewisse Arten sinnlicher Begierden, wie sie da stehen, nicht mit Sexualität in Zusammenhang bringen.

Die «Leidenschaften der Seele und des Körpers» darf man sich an dieser Stelle als Affekte und Emotionen in die heutige Sprache übersetzen. Auch heute ist man überzeugt, dass Affekte zu Krankheiten führen können, ohne selbst Krankheiten darzustellen. Die ganze Lehre von Stress und den dadurch verursachten psychischen Störungen beruht darauf. Nicht der Stress selbst, sondern die dadurch in Gang gesetzten Affekte sind krankmachend. Auch diese Lehre ist schon bei Bolten vorhanden, nur eben in anderen Worten.

Zum Gegensatzpaar Melancholie und Raserei, wie sie hier wieder stehen, siehe die Erklärungen zu § 11. Bolten denkt sie sich psychisch aus Affekten entstanden, durch Traurigkeit und Zorn, weshalb sie psychotherapeutisch zu behandeln seien. Heute nennt man sie «Affektive Störungen» und «Bipolare Störungen».

§ 51 enthält ausführlich wieder das, was wir dem richtigen ärztlichen Handeln zuschreiben würden und nicht der Psychotherapie. Der Arzt soll beruhigend auf den unruhigen Patienten einwirken oder die zu ruhigen Patienten munter machen. Bolten begründet dies aber wieder besonders mit der «ästhetischen Pathologie», also der Ästhetik, wie er diese Lehre ganz in sich aufgenommen hatte.

In § 52 schreibt Bolten das Entstehen bestimmter psychischer Störungen unterschiedlichen Affekten zu. Das ist nichts Spezielles bei Bolten, sondern entspricht allgemeinen Auffassungen der damaligen Zeit. Die heutige Lehre von den affektiven Störungen enthält noch Teile davon.

In § 53 bricht nun doch der Pastorensohn durch. Als Christenmensch sei der Arzt verpflichtet, für die Tugend und gegen das Laster zu wirken. Auch das nennt Bolten Psychotherapie. Wir sehen das heute nicht mehr so. Im übrigen kann er es als Arzt der Aufklärung selbst an dieser Stelle nicht lassen, wieder einen vergifteten Pfeil in Richtung auf die Prediger abzufeuern, deren «Worte man ohndem meist vorhersagen kann».

§ 54. In einem längeren Schlusskapitel kritisiert Bolten noch einmal solche Ärzte, die ihren Beruf, wie wir heute sagen würden, ausüben, als wären sie Ingenieure. Er vergleicht diese Ärzte mit einem zu seiner Zeit angemesseren Bild, mit den Uhrmachern, die eine kaputte Mechanik reparieren. Solche Kritik ist auch heute noch vielfach berechtigt, denn es gibt diese Maschinisten der Medizin weiterhin.

Zugleich wird Bolten persönlicher. Wie nach der ganzen Einstellung nicht anders zu erwarten, erweist er sich nochmals als Stahlianer, als Anhänger der Lehren von Georg Ernst Stahl, der seine berühmten erfolgreichen Behandlungen in der Art einer Psychotherapie bei jeder Krankheit anwandte, oder besser gesagt, bei jedem Kranken.

Gleichwohl rechnet sich Bolten selbst nicht zu den Stahlianern, wohl eher aus Bescheidenheit, indem er offenbar nur die unmittelbaren Schüler Stahls als Stahlianer bezeichnet sehen will. Er ist nur ein mittelbarer Schüler Stahls, indem er Johann Juncker (1679-1759) als seinen Lehrer bezeichnet. Juncker aber war der Nachfolger Stahls. Zugleich verweist Bolten auf noch zwei weitere Männer, die ihn beeinflusst haben und nennt deren Namen. Gemeint sind Johann Gottlob Krüger (1715-1759) und Johann August Unzer (1727-1799), über die im Vorwort berichtet worden ist.

Schluss und Ausklang

Bolten hat also in seinem kleinen Buch die ganze heutige Psychotherapie dargestellt, jedenfalls so weit sie nicht Psychoanalyse ist. Man muss sich das aber aus der Sprache des 18. Jahrhunderts in die Sprache des 21. Jahrhunderts übersetzen.

Der Gegensatz zwischen einer mechanistisch-naturwissenschaftlichen und einer mit psychischen Mitteln auf die Psyche des Kranken eingehenden Medizin war damals schon und ist heute noch vorhanden.

Boltens Darstellung ist so anregend, dass man aus ihr noch viele weitere Formen der Psychotherapie schöpfen kann. Mit den hier gegebenen Erläuterungen ist der Text keineswegs ausgeschöpft.

Im Anschluss folgt der vollständige Text Boltens in seiner «Ursprache». Der Herausgeber und Verfasser hofft, mit seinen Erläuterungen behilflich gewesen zu sein, diesen alten Text mit Vergnügen und Gewinn zu lesen. In den Text eingefügt sind mit den Zeichen {Zahl} die Seitenzahlen des Originals. Ein Benutzer hat somit die Möglichkeit, die genaue Seite des Originals anzugeben, aus welcher gegebenenfalls sein Zitat stammt.

Zum Ausklang soll auf das hingewiesen werden, was man in Boltens Buch nicht findet. Es gibt darin nämlich keinerlei Überlegungen darüber, aus welchen innerseelischen Gründen die im Buch behandelten seelischen Störungen entstanden sein könnten. Die Psychotherapie Boltens und seiner Freunde ist eben eine Vernunfttherapie und erweist sich immer wieder als ein Kind des Zeitalters der Vernunft.

Anmerkungen zur Einführung
«Themen und Kapitel»

1. Beispiel in: Freud, Sigmund: Gesammelte Werke. 18 Bde. S. Fischer, Frankfurt/M. 1952-1968. Band VIII, S. 462: „Die Abkürzung der analytischen Kur bleibt ein berechtigter Wunsch, dessen Erfüllung, wie wir hören werden, auf verschiedenen wegen angestrebt wird."

2. S. dazu meine Arbeit: Psychotherapeutische Grundeinstellung versus psychotherapeutische Technik. Die Grundstruktur psychotherapeutischen Vorgehens. In: Helmchen, H., M. Linden und U. Rüger (Hgg.): Psychotherapie in der Psychiatrie. Springer: Berlin-Heidelberg-New York 1982. - S. 27-29.

3. The American Journal of Insanity - edited by the officers of the New York State Lunatic Asylum, Utica. Vol. 1, printed by Bennet, Backus and Hawley, Utica 1844/45. – S. 99 in einem unsignierten Artikel mit dem Titel „Definition of insanity – nature of the disease". Man ist allgemein der Meinung, daß die ganzen ersten Artikel dieser Zeitschrift von Amariah Brigham selbst verfaßt wurden, also auch dieser.

4. Schneider, Kurt: Psychiatrie Heute. Heidelberger Rektoratsrede vom 22.11.1951. - Für den Verfasser hergestellter Privatdruck. G. Thieme, Stuttgart 1966.

4a. Zit. nach einem 2016 gehaltenen Festvortrag von Thomas Fuchs zur Eröffnung des Jahreskongresses der Deutschen Gesellschaft für Psychiatrie, Psychotherapie, Psychosomatik und Nervenkrankheiten (DGPPN) in Berlin.

5. Kant, Immanuel: Versuch über die Krankheiten des Kopfes. Vorkritische Schriften Band II: 1764, Part 1, Volume 2.

6. Jaspers, Karl: Heimweh und Verbrechen. Med. Diss. Heidelberg. F. C. W. Vogel: Leipzig 1909.

7. Scheuchzer, J. J.: Dissertatio de Nostalgia Helvetorum 1731 (in den Comment. Acad. Bonon. I, 307 ff. – Übersetzt im Leipziger Allg. Magaz. der Natur, Kunst und Wissenschaft. (zit. n. Jaspers).

8. Anmerkungen über die Spinnen durch Herrn Homberg. Aus den Memoires der parisischen Akademie der Wissenschaften, 1707, S. 438, holländischen ersten Ausgabe übersetzt: Hamburgisches Magazin oder gesammlete Schriften zum Unterricht und Vergnügen aus der Naturforschung und den angenehmen Wissenschaften überhaupt. 1. Band, 1. Stück. Hamburg, bey G. C. Grund und in Leipzig bey A. H. Holle, 1748.

9. Nicolai, Ernst Anton: Gedanken von den Würkungen der Einbildungskraft in den menschlichen Körper. Halle 1744. - 2. Aufl. 1751.

10. Sigwart, Georg Friedrich, resp. Ge. Fr. Klein: De vi imaginationis in producendis et removendis morbis. Tübingen 1769.

11. Leuner, Hanscarl: Katathymes Bilderleben. Huber, Bern 1980.

12. Reinhard, Adolf Friedrich von: Gedancken über den Unterscheid (sic!) der obern und untern Erkenntniß- und Begehrungskräfte. Hannoversche Gelehrte Anzeigen, 44. Stück, S. 640-648 (1753).

13./14. Bei der von Bolten erwähnten Schrift handelt es sich um: Meier, Georg Friedrich: Anfangsgründe aller schönen Künste und Wissenschaften. 3 Bde. Halle, bey Carl Hermann Hemmerde 1748-1750.

15. Baumgarten, Alexander Gottlieb: Meditationes Philosophicae De Nonnullis Ad Poema Pertinentibus. Quas Amplissimi Philosophorum Ordinis Consensu Ad D. Septembris MDCCXXXV. Halae Magdeburgicae, Grunertus 1735.

16. Meier, Georg Friedrich: Theoretische Lehre von den

Gemüthsbewegungen überhaupt. Hemmerde, Halle 1744. - 2. Aufl. 1759 (erweitert auf 504 Seiten). - Photomechanischer Nachdruck: Athenäum 1971.

17. Unzer, Johann August: Neue Lehre von den Gemüthsbewegungen, Halle, Hemmerde 1746. - Nachdruck Hallescher Verlag, Halle 1995, ISBN 3-929887-08-8 - S. dazu auch: Wucherpfennig, Wolf: Johann August Unzer: Neue Lehre von den Gemüthsbewegungen, mit einer Vorrede vom Gelde begleitet von Herrn Johann Gottlob Krügern. Hg. von Carsten Zelle. - In: Lessing Yearbook 30 (1998), S. 229-231

18. Erhard, Johann Benjamin: Versuch einer systematischen Eintheilung der Gemüthskräfte. Über Narrheit und ihre ersten Anfänge. Über die Melancholie. In: Wagner's Beiträge zur philosophischen Anthropologie, Wien 1794-1796.

19. Kant, Immanuel: Von der Macht des Gemüths durch den bloßen Vorsatz seiner krankhaften Gefühle Meister zu seyn. Herausgegeben und mit Anmerkungen versehen von C. W. Hufeland. Leipzig, Reclam 1824.

20. Kunz, Carl Friedrich: E.T.A. Hoffmann und Mozarts «Don Juan». In: Günzel, Klaus (Hg.): E.T.A. Hoffmann. Leben und Werk in Briefen, Selbstzeugnissen und Zeitdokumenten. Verlag der Nation, Berlin 1976. Hier 3. Aufl. 1984, S. 175.

21. Mauser, Wolfram: Melancholieforschung des 18. Jahrhunderts zwischen Ikonographie und Ideologiekritik. Auseinandersetzung mit den bisherigen Ergebnissen und Thesen zu einem Neuansatz. In: Lessing Yearbook 13, 1981, S. 253-277.

Johann Christian Boltens

der Arzneiwissenschaft Doktors,

Gedancken von psychologischen

Curen.

Halle im Magdeburgischen,
Verlegt von Carl Hermann Hemmerde.
1751

Dem
Hochwürdigen und Hochgelarten
Herrn,

Herrn

Johann Bolten,

Sr. Königl. Maj. zu Dänemarck, Norwe-
gen ct hochverdienten Consistorialrat,
Probsten des Altonaischen und Pinneber-
gischen Consistorii, Hauptpastori bei der
Evangelisch Lutherischen Gemeinde in
Altona, und zweiten Inspectori des Königl.
Academischen Gymnasii

meinem Hochzuehrenden
Herrn Vater

Hochwürdiger,
Hochzuehrender Herr Vater.

Wäre mir nicht durch so viele, Zeit meines Lebens
von Ihnen genossene Wolthaten, alle Möglichkeit be-
nommen, die Grösse meiner Verbindlichkeit mit Worten auszudrucken, und würdige {A4} Zeichen der Danckbarkeit zu erfinden, deren Triebe meinem Herzen die
zärtlichsten Empfindungen angewöhnen; so würde dieses Blatt die Sprache eines Herzens bezeichnen, das seiner Pflicht genug thut, statt daß es iezzo eine so mächtige Gemütsbewegung verrathen mus, die mir nicht
erlaubt, alles dasienige zu sagen, was ich empfinde.
Jedermann weis, wie grosse Verbindlichkeiten Kinder
ihren Eltern haben, und welche Hochachtung, und welchen Gehorsam sie Ihnen schuldig sind. Dieses einzige
würde schon hinreichend seyn können, mich deshalb
zu entschuldigen, daß ich mich unterstehe, Ihnen diese
geringe Schrifft gehorsamst zuzueignen. Allein ich sezze freiwillig meine Verpflichtung gegen Sie, Hochzuehrender Herr Vater weit über die gemeinen Pflichten,
welche Kinder gegen ihre Eltern beobachten müssen.
Ich entdecke in Ihrer Liebe so viel vorzügliches, und in
Ihren Wolthaten gegen mich etwas so ungemeines, daß
mir die Schuldigkeit des kindlichen Gehorsams eine al-

zuleichte Pflicht ist, welche der Danckbegierde meines Herzens bei weitem noch nicht genug thut. Zu allem, was ich Ihnen schuldig bin, zu der allerzärtlichsten Liebe, zur ersinnlichsten Hochachtung, zum süssen kindlichen Gehorsam, zwingt mich schon ohnedem die Natur, und ich möchte gern noch einige freiwillige Pflichten für mich entdecken, die noch etwas mehr wären, als blosse Stimmen der Natur, die noch die sonderbaren unaussprechlichen Empfindungen befriedigten, welche {A5} von meinem Herzen mehr als gemeine Danckbarkeit fordern. Allein alle Arten der Pflichten, die ich mir auflege, so neu sie mir auch anfangs scheinen, sind, wenn ich es untersuche, Zwangspflichten meines Herzens, und blos die Grösse Ihrer Wolthaten verhindert, daß ich eine einzige als ein Geschenck für Sie ansehen kan. Ich vermehre also den Grad einer jeden um dadurch dasjenige zu ersezzen was ich der Anzal nach nicht vermehren kan. Dennoch empfinde ich noch nichts von derienigen Genugthuung, die ich mir wünsche, und ich mus endlich in den einzigen Trieb, den ich habe, mehr Pflichten gegen Sie auszuüben, als mir Natur und Gesezz auflegen kan, den Vorzug sezzen, den meine Liebe und mein Hochachtung vor andern hat, und den ich anders nicht auszudrücken vermag. Ich flehe den Himmel an, um die Erhaltung Ihres mir unschätzbaren Lebens, und um die reichliche Belohnung aller mir erwiesenen Wolthaten. Ich thue damit einer Pflicht ein Genüge, welche blos der Unmenschlichkeit entgegengesetzet ist, aber noch nicht dieienigen Triebe der Liebe und Hochachtung erfüllet, womit ich ersterbe,

Ew. Hochwürden, meines Hochzuehrenden Herrn Vaters, kindlich gehorsamster Sohn, Johann Christian Bolten.

Halle, den 9. July 1750

Vorrede

Diese Schrift lehret nicht, wie man die Seele psychologisch curiren solle. Sie enthält nur Gedancken von den psychologischen Curen, und ich kan dieselben leichte in dreierlei Arten abtheilen. Gleich anfangs habe ich zu erkennen gegeben, was ich unter psychologischen Curen verstehe, und die dazu gehörigen Begriffe vorausgesetzet. Hierauf habe ich mich bemühet, die Nützlichkeit und öftere Unentbehrlichkeit psychologischer Curen darzuthun; und endlich wird man eine {11} Anleitung finden, wie man es anzufangen habe, um die Kranckheiten der Seele psychologisch curiren zu lernen. Vielleicht scheine manchem eine Schrift von dieser Art von keiner grossen Wichtigkeit zu seyn, und wenn es an dem ist, daß nur solche Schriften für wichtig gehalten werden können, welche auszuarbeiten und zu verstehen viel Kopfbrechens erfordert; so gebe ich zu, daß in der gegenwärtigen nichts wichtiges anzutreffen seyn wird. Eine Wichtigkeit von dieser Art war auch nicht die Absicht, warum ich sie verfertigte. Dennoch halte ich dafür, daß sie in andrer Absicht wichtig genug sey, wenn dieienigen Zwecke dadurch erhalten werden, die ich wünsche. Dreierlei Arten von Leuten sind es, denen ich zu nuzzen gedencke: Prediger, Aerzte und Krancke. Man müste die Natur des Menschen wenig kennen, wenn man nicht wissen sollte, wie genau die Kranckheiten {12} der Seele mit denen Kranckheiten des Körpers verbunden sind, und umgekehrt. Eine Kranckheit des Körpers curiren, ohne zugleich der Seele zu Hülfe zu kommen, ist eben so eine vergebliche Bemühung, als das Ebenbild eines häßlichen Gesichtes in einem aufrichtigen Spiegel verbessern wollen, ohne sich zu bemühen, das Urbild schöner zu machen. Ich klage, wie mir deucht, mit Grund darüber, daß weder die Prediger noch Aerzte, wenn sie denen Krancken beistehen sollen, diesen Betrachtungen gemäs sich aufführen. Ich rede von dem grösten Theile beider Partheien. Wie selten denckt ein Arzt daran, daß seine Kunst etwas mehr erfordere, als was ein guter Uhrmacher wissen mus. Wie selten läßt er sich einfallen, der Seele zu Hülfe zu kommen, die öfters einer Cur mehr benöthiget ist, als der Körper. Ja wie oft wundert er sich, wenn in manchen Fällen {13} seine Arzneien, wie es ihm scheint, ganz zufälliger Weise die Seele von einer Kranckheit befreien, welche von der Kranckheit des Körpers herrühret. Ein freundlicher Zuspruch, eine mit untergemischte Moral, und die regelmäßige Hervorbringung gewisser Leidenschaften sollte ohne Zweifel in tausend Fällen eben so erwünschte Würckungen thun, als die kostbarsten Arzeneien kaum vermögen, wenn sich nur ein Arzt des menschlichen Herzens anzunehmen beliebte, und die Kunst lernen wollte, so wohl Sturm als Stille in ihm hervorzubringen. Die meisten Aerzte, besonders dieienigen, welche im Ruf stehen, durch vieler Jahre Erfarung besonders geschickt zu seyn, gewöhnen sich so finstre Gesichter an, daß ihnen ihre Minen zum Feldzeichen dienen können, daran man ihre Handthierung erkennen kan. Ein Patient, der einen solchen hocherfarnen Mann das {14} erste Mahl siehet, müste sehr gesezt seyn, wenn ihm nicht die magischen Bilder eines Bleigiessers und Blasenstechers in die Gedancken kommen solten. Die Prediger, welche die Kunst am besten verstehen solten, die Seelen derer Krancken zu heilen, und deren Beruf es eigentlich erfordert, diese Verrichtung über sich zu nehmen, sind fast gröstentheils ungeschickt, dieselbe gehörig auszuüben. Jeder einzelner Mensch erfordert eine besondere Aufführung, und ohne vorher den Zustand seines Gemüthes erforscht zu haben, ist es nur ein blindes Glück, wenn die Besuche gute Würckungen thun. Die mehresten Geistlichen gewöhnen sich gewisse Formeln an, die sie bei allen Kranckenbetten hersagen, ohne eine andere Krafft der Seele dabei zu gebrauchen, als das Gedächtnis. Mit leichter Mühe könnten sie, eben so wie der Arzneigelehrte thun mus, durch weni{15}ge Fragen den Gemütszustand des Patienten en[t]decken, und einige Fertigkeit, die ästhetischen Regeln anzuwenden, die Gemüther in Bewegung zu sezzen, nebst einer gesunden und christlichen Moral würden hinreichend seyn, ihnen das Verfahren an die Hand zu geben, so sie bei ihren Patienten zu beobachten hätten. Allein, eine Wissenschaft, wie die Aesthetick ist, daraus man eben so wol lernen kan, eine Anakreontische Ode zu machen, als Gemüthskranckheiten zu curiren, würde vielleicht manchen Geistlichen viel zu fleischlich und weltlich scheinen, als daß er sie nur in seiner Bibliothek leiden solte, vielweniger sich zu bemühen in Ausübung derselben eine Fertigkeit zu erhalten. Gleichwol ist nichts gewisser, als daß alle diese Sachen nothwendig erfo[r]dert werden, wenn man auf eine vernünftige Art psychologisch curiren will. Die allermeisten Arznei{16}gelehrte und Geistliche sehen diese Nothwendigkeit ganz und gar nicht ein, wenige gestehen zu, daß die Aesthetick, die Logick, die philosophische Pathologie und Moral in manchen Fällen nüzlich, und als Galanterien mitzunehmen wären. Ich habe geglaubet, diesen Leuten einen Dienst zu erweisen, wenn ich ihnen theils die Nüzzlichkeit und Nothwendigkeit derer psychologischen Curen auch bei solchen Patienten zeigte, die Kranckheiten des Körpers haben, und ihnen Anleitung gäbe, wie sie sich durch Erlernung solcher Curen dem menschlichen Geschlechte nüzzlich machen könten. Dieses ist die Absicht, die ich zu erreichen wünsche, und meine Leser mögen beurtheilen, ob diese Schrift geschickt sey, diesen Nuzzen zu würcken.

Geschrieben

auf der Friedrichsuniversität
den 9. July 1750.

§. 1.

Die Wissenschaften, deren Erlernung einem Arzneiverständigen oblieget, sind von so weitem Umfange,
daß sie mit derselben in ihrem ganzen Leben nicht zu
Ende kommen. Die Theorie der Medicin bestehet aus
solchen Theilen von Wissenschafften, die wieder als
Ganze von erstaunenden Umfange müssen angesehen
werden. Was gehöret nicht dazu ein guter Zergliederer,
ein geschickter Chemikus, ein grosser Botanikus u.s.f.
zu seyn, und doch machen diese zusammen erst einen
theoretischen Arzneigelehrten. Der praktische Arzt
hat ein eben so weitläuffiges Gebiete zu durchwandern.
Eine Sache, die von der geringsten Kleinigkeit zu seyn
scheinet, bekommt ein wichtiges Ansehen, wenn sie
bei einem gefährlich Krancken sich ereignet. Nicht der
kleinste Umstand, nicht die leichteste Frage darf hier
aus {18} den Augen gesezzet werden, da manchmal solche unterlassene Kleinigkeiten den Tod nach sich ziehen können. Und doch werde ich noch etwas mehr von
einem Arzte fordern, als er bisher zu erlernen nöthig
gehabt. Ich werde ihm nicht eine, sondern mehrere
Wissenschafften vorschlagen, mit denen er sich wird
bekandt machen müssen. Ich will sie hier nicht nennen,
weil ich dieses vor einen andern Ort aufbehalten habe.
So viel aber mus ich doch denen zum Trost im Vertrau-
en sagen, die nicht gerne ihre Seele verbessern, daß
die Erlernung derer Wissenschafften, deren Bekandt-
machung ich ihnen bestens empfehlen will, ihnen ausser unzäligen andern Vortheilen, auch den verschaffen
wird, daß sie die zur Medicin eigentlicher gehörigen

Wissenschafften leichter gründlicher und besser fassen können. Solten sich diese Vortheile der Mühe nicht belohnen, die man sich in Erlernung derselben wird geben müssen? Zu diesem kommt noch der Vortheil, daß man, nach Anwendung desienigen, so man in diesen Wissenschafften gehöret hat, im Stande ist, psychologische Curen zu verrichten: Curen die von unendlichen Nuzzen und manchmal von der grösten Nothwendigkeit sind, wie ich dieses im folgenden anzeigen werde.

§. 2.

Da ich meine Gedancken von psychologischen Curen eröfnen will; so werde ich erst einen {19} kurzen Begrif von diesen Curen geben, und zu dem Ende werde ich einige hierbei nöthige Warheiten zum Voraus sezen müssen.

So lange die Natur der Seele ungehindert würcken kan, so lange ist dieselbe auch gesund. Sie hat ihre vorgeschriebene Gesezze, nach denen sie sich in ihren Würckungen richtet. So lange ihre Handlungen diesen gemäs sind, so lange ist die Seele gesund, und also ist die genaueste Übereinstimmung ihrer Verrichtungen mit denen Gesezzen der Natur der Seele eine nothwendige Eigenschafft einer gesunden Seele. Diese Gesezze werden uns in der Weltweisheit vorgetragen. Die Philosophen haben sich unbeschreibliche Mühe geben müssen, ehe sie dieselben haben fest sezzen können. Was für Erfahrungen haben sie nicht erst anstellen müssen, ehe sie hierin zu Stande gekommen sind. Aus diesen endlich gewis und sicher befundenen Gesezzen, sind hernach die aesthetischen, logischen, die pathologischen und die moralischen hergeleitet worden. Diese nun dienen uns zur gewissen Richtschnur, nach welcher wir einzelne Seelen beurtheilen können, ob sie sich gesund befinden. Wenn es uns hieran fehlete, so würden wir nimmermehr im Stande seyn ein gewisses, wenigstens kein gründliches Urtheil von dem Gesundheitszustande einzelner Seelen zu fällen. {20}

§. 3.

Wenn die Natur der Seele in ihren Würckungen gehindert wird, so ist dieselbe kranck, und dieienigen Würkungen, so sie in so ferne sie kranck ist, hervorbringet, können mit denen psychologischen Gesezzen nicht überein kommen, sie sind in Absicht dererselben unnatürlich. Denn nur solche Verrichtungen der Seele sind ihr natürlich, welche denen Gesezzen ihrer ungehinderten Natur gemäs eingerichtet sind. Die Natur der Seele ist ihre Vorstellungskrafft, vermöge welcher sie sich die Welt nach dem Stande ihrer Körpers (PRO POSITU CORPORIS) vorstellet. So bald also die Seele kranck ist, wird ihre Vorstellungskrafft, so wie sie, sich selbst gelassen, würcken würde, gehindert.

§. 4.

Ein Hindernis ist das Gegentheil der Würcklichkeit gewisser Bestimmungen eines Dinges. In denen Kranckheiten der Seele wird die Natur derselben gehindert, und auf die Art werden Gegentheile der Würcklichkeit gewisser Bestimmungen von ihr in derselben entstehen. Nun ist die Natur der Seele bei ihren Krankheiten nur in so fern gehindert, als sie sich selbst gelassen betrachtet wird §3. Folglich entstehen bei ieder Kranckheit der Seele solche Bestimmungen in ihr, die Gegentheile {21} derer natürlich ordentlichen Würckungen sind. Denn nur das sind natürlich ordentliche Würckungen der Seele, die von ihrer sich selbst gelassenen Natur hervorgebracht werden §3. Alle Würckungen der Seele sind Vorstellungen. Wenn also die Seele kranck ist, so werden die Vorstellungen anders seyn, als sie sonst erfolget wären; denn alsdenn bringt sie gewisse Vorstellungen hervor, die Gegentheile derer natürlich ordentlichen Vorstellungen sind, oder welches einerlei ist, solche, die die Seele wenn sie sich selbst gelassen, und ungehindert wäre, nicht würcken würde.

§. 5.

In der Weltweisheit wird gelehret, daß die Würckungen ihren würckenden Ursachen (CAUSIS EFFICIENTIBUS) allemal gleich und ähnlich (CONGRUENTES) sind. Nun sind aber die Vorstellungen der Seele nichts anders, denn Würckungen der Vorstellungskrafft, als ihrer würckenden Ursache. Wird also wol eine wiedernatürliche Vorstellung in der Seele entstehen können, ohne daß nicht die Kräffte der Seele in Absicht auf ihren natürlichen Zustand ausserordentliche Beschaffenheiten oder Grössen haben sollten? Keinesweges. Denn wie die natürlich ordentlichen Vorstellungen Beschaffenheiten und Grössen haben, die ihrer würckenden Ursach, der sich selbst gelassenen Vorstellungskraft gleich und ähnlich sind; so wird {22} man auch bei wiedernatürlichen Vorstellungen, auf ihnen gleiche und ähnliche, das ist auf wiedernatürliche Beschaffenheiten oder Grössen der Vorstellungskrafft schliessen können. Solchergestalt ist es leicht, sich die höchsten Gattungen derer Kranckheiten der Seele zu gedencken. Denn die Vorstellungen und Vorstellungskräffte der Seele haben entweder ihre natürliche Beschaffenheit nicht, oder es liegt die Schuld an der gehörigen und ordentlichen Grösse, oder endlich sind beide die Beschaffenheit so wol, als die Grösse so nicht, wie sie seyn solten. Im ersten Falle werden die Kräffte nicht so, wie sie solten, gehörig angewendet: Daher entstehn denn falsche unrichtige Vorstellungen, die mit ihren Gegenständen nicht gehörig übereinkommen. Was den zweiten Fall anbetrifft, so sind die Kräffte der Seele entweder zu groß, oder sie sind auch zu schwach. Dieses kan wieder auf zweierlei Art geschehen, wenn sie nemlich entweder an sich, oder wenn sie in Absicht auf die übrigen Vorstellungskräffte der Seele zu starck, oder zu schwach sind. Hieraus entstehen die Disproportionen. Der leztere gesezte Fall ist aus denen beiden vorhergehenden zusammengesezt, und ist also dabei weiter nichts zu sagen übrig.

§. 6.

Es erhellt demnach aus dem, was im vorigen §ze angeführet worden, zur Gnüge, daß alle {23} Kranckheiten der Seele entweder von einer unrichtigen Anwendung, oder einem Mangel oder einer alzugrossen Anstrengung oder Disproportion derer Seelenkräffte ihren Ursprung nehmen. Die Kräffte unserer Seele sind ein Theil ihrer Würcklichkeit, da nun diese veränderlich ist; so werden die Vorstellungskräffte in ihr gleichfals veränderlich seyn müssen. Es können folglich die Kräffte der Seele auf tausenderlei Art bestimmet, vermehret, und vermindert werden. Es können also auch unrecht angewendete Kräffte wieder zu ihrer richtigen Anwendung gewöhnet werden, dieienigen, so alzuschwach, können gestärcket, alzustarcke können gedämpfet oder geschwächt, und kurz alle wiedernatürliche Vorstellungen der Seele können durch Verbesserung derer Vorstellungskräffte wieder zu natürlich ordentlichen gemacht werden, denn dieses sind ia die Gattungen derer Gemüthskranckheiten alle §.5.

§. 7.

Die Handlung, vermöge welcher statt einer Kranckheit die Gesundheit wieder hervorgebracht wird, nennet man eine Cur. Geschicht diese Handlung an der Seele, so heisset sie alsdenn eine Seelencur. Da es überhaupt betrachtet möglich ist, daß jede Kranckheit der Seele ausgerottet, und ihre Gesundheit wieder hergestellet werden kan §.6. so wird kein Vernünfftiger daran im geringsten zweifeln, {24} daß die Seelencuren möglich sind. Man kan aber dieselben auf zweierlei Art verrichten, wie ich gleich zeigen will.

§. 8.

Die Metaphysick lehret uns, daß zwischen der Seele und ihrem Körper die allergenaueste Harmonie obwalte. Vermöge dieser Harmonie wird dargethan, daß der hinreichende Grund einer Veränderung, welche in dem Körper vorgehet, so wohl in dem Körper selbst, als auch in der in ihm wohnenden Seele müsse gesuchet werden, und so auch umgekehrt. Eine Kranckheit der Seele mus also auch ihren hinreichenden Grund in ihrem Körper haben. Da nun aber der Gesundheitszustand nimmermehr der Grund einer Kranckheit seyn kan; so wird bei einer Gemüthskranckheit der Körper kranck seyn müssen, und so auch umgekehrt. So viel ist indessen doch gewis, daß entweder in der Seele oder in dem Körper der erste Ursprung einer Kranckheit werde gesuchet werden müssen. Diese beiden Fälle sind also nur bei der Seele möglich. Entweder sie ist kranck, weil der Körper ungesund ist, oder in ihr lieget der erste Grund ihrer Kranckheit. Hieraus mag man ersehen, wie vielerlei Arten der Seelencuren möglich sind. Es ist offenbar, daß wenn die erste Ursache der Kranckheit in dem Körper ihren Sizz hat, die hiermit leidende Seele durch die Wiedergene-{25}-sung des Körpers, wieder hergestellt werden. Solchergestalt ist klar, wie man die Seele durch Arzneimittel curiren könne. Ich muß hier erinnern, daß meine Absicht im geringsten nicht ist, diese Art, Seelenkranckheiten zu heben, weiter auszuführen. Ich glaube genug zu thun zu haben, wenn ich bei der andern Art von Seelencuren, deren ich bald mit mehrerem Erwähnung thun werde, stehen bleibe, ich

überlasse daher diese Arbeit, die gewis einer ernsthaff-
ten Betrachtung werth ist, andern.

§. 9.

Ausser der Art die Seele zu curiren, deren im vorigen §ze
Erwähnung gethan worden, kan man ihr noch auf eine andere Art beikommen. Wenn die Gemüthskranckheit ihren
ersten Ursprung in der Seele hat; so wird man mir leicht
zugeben, daß hier durch den Gebrauch innerlicher Arzneimittel wenig oder gar nichts ausgerichtet werden könne. In
diesen Umständen ist also das sicherste und beste Mittel,
daß man die Seele selbst angreifet, ohne sich vorher an den
Körper zu machen. Ich habe schon im vorigen gesaget, daß
man in der Weltweisheit sich die gröste und ersinnlichste
Mühe gegeben, durch viele Erfahrungen, solche Regeln zu
bestimmen, welche der Natur der Seele gemäs sind. Man
ist von der Warheit der daselbst festgesezten Gesezze desto
gewisser überführet worden, {26} da man in der Erfahrung
bemercket, wenn man diese Regeln beobachtet, man die
Seele nach eigenem Gefallen lencken könne. So eine Seelencur, die sich nach diesen Gesezzen der Natur der Seele richtet, ist eine psychologische Cur und diese soll der
Vorwurf meiner gegenwärtigen Beobachtungen seyn. Daß
aber der hier angeführte Unterschied unter denen Seelencuren durch Arzneimittel und auf psychologische Art
keine Erdichtung sey, wird ein Beispiel erläutern können.
Gesezt einer hätte eine Kranckheit am Gedächtnisse, wir
wollen einmal die Schwachheit dieser Vorstellungskrafft
annehmen. Wäre man bei dieser Kranckheit beschäfftiget,
diesem Fehler durch innerliche Arzneimittel abzuhelfen,

und man wäre hierin glücklich, so würde man eine Seelencur §. 7. verrichtet haben, würde aber wol selbige mit
derienigen einerlei seyn, da man bei eben derselben Kranckheit dieser Vorstellungskrafft, dieses Übel durch die Beobachtung der Aesthetischen Gesezze, das Gedächtnis zu
stärcken, zu Hülfe gekommen wäre. Gewis wer hier keinen
Unterschied zwischen diesen beiden Arten von Seelencuren bemerckt, der ist auch nicht werth, daß er ihn erfähret.
Aus dem, was von der Verschiedenheit dieser beiden Curen gesagt worden, erhellet, daß zwar alle psychologische
Curen Seelencuren sind, allein umgekehrt kan man diesen
Sazz nicht behaupten.

§. 10.

{27} Die tägliche Erfahrung bezeiget es, daß man
durch anhaltende fleissige Übungen die obern so wol
als die untern Seelenkräffte vermehren könne. Eben
daher wissen wir es auch, daß, wenn man anfängt, diese schöne Arbeit, die uns der Menschlichkeit würdig
macht, hintanzusezzen, diese edlen Kräffte der Seele
nach und nach abnehmen. Ist es nicht eben hieraus be-
greiflich, wie einer, der der Algebra oblieget, eine sehr
grosse Fertigkeit in Nachsinnen erhalten kan. Die in
der Psychologie vorgeschriebenen Gesezze geben uns
die besten Mittel an die Hand, die Seelen-Kräffte zu
vermehren und zu vermindern. Hier lernen wir also,
einige Vorstellungen bei uns zu erregen und andere
dagegen zu unterdrucken. Der Einwurf ist von keiner
grossen Erheblichkeit, wenn man saget, daß denen
wenigsten diese Gesezze aus der Psychologie bekandt

wären, die doch bald diese Vorstellung zu erregen und bald anders zu unterdrücken wissen. Haben wir nicht eine natürliche Metaphysick, und also auch eine natürliche Seelenlehre? Es bleibet also dabei, die psychologischen Regeln helfen uns so wol einige Vorstellungen bei uns hervorzubringen, als andere aus der Seele zu verdrengen, und diese Vortheile werden sie desto ungezweifelter leisten, ie deutlicher, ie lebendiger wir diese Gesezze einsehen. Hieraus mag man schliessen, {28} ob nicht vermöge dieser Mittel die Kranckheiten der Seele, nemlich die unrechte Anwendung derer Kräffte, ihre alzugrosse Gewalt, ihre Mängel und die Disproportionen können gehoben werden. Es sind also psychologische Curen aller Seelenkranckheiten wenigstens überhaupt betrachtet möglich. Ich mache mich hiedurch keinesweges anheischig, sie alle zu curiren, noch weniger will ich damit sagen, daß es allemal ohne Cur des Körpers geschehen könne. Es ist mir genung, hier gezeigt zu haben, daß die Erlernung derer psychologischen Curen ein Gewerbe sey, welches sich in unzäligen Fällen nuzbar macht, und davon man wenigstens in ieglichem vorkommenden Falle, wo nicht eine völlige Genesung, dennoch sehr wichtige erhebliche Nuzzen mit Grund erwarten kan. Ich werde hernach noch Gelegenheit haben, dieses mit mehrerem zu zeigen, wenn ich mich in die Betrachtungen der Nüzzlichkeit und Nothwendigkeit derer psychologischen Curen einlassen werde.

§. 11.

Nichts würde mich abhalten können, sogleich zu

diesen Betrachtungen fortzuschreiten, wenn ich nicht noch etwas im voraus zu sagen für nöthig hielte. Ich gestehe sehr gerne, daß eine psychologische Cur nicht eben eigentlich ein Werck derer Arzneyverständigen sey. Dieselben solten von Rechtswegen denen Philosophen {29} aufgetragen werden. Denn diesen sind die Gesezze der Natur der Seele bekandt, und auf ihre Anwendung würde man sicheren Staat machen können. Allein unsere Zeiten sind so nicht eingerichtet, daß man einen Philosophen zum Kranckenbette ruffen lässet. Ja wenn man auch in diesem Ermangelungsfall die Ausübung dieser Seelencuren denen Geistlichen überlassen wolte, so stehen doch verschiedene Zweifel im Wege. Einmal wissen es die wenigsten unter ihnen am rechten Ende anzugreifen, und denn sind gar vielmals die Worte in dem Munde eines Arztes von grösserer Krafft, als wenn sie von einem Priester vorgebracht werden. Hiezu kommt noch, daß solche Leute auch nicht allemal zu bekommen sind. Es fället also diese Arbeit denen Arneiverständigen zu, und mir deucht, daß selbige hiezu auch am allgeschicktesten sind. Ich habe einen Hypochondriakus gekandt, der, wenn er gleich in der grösten Raserei war, so gleich ruhig und stille ward, so bald er seinen Arzt zu Gesichte bekam. Wenn daher niemand mehr in seiner hefftigen Wuth mit ihm auskommen und fertig werden konnte, nahm man seine Zuflucht zur Gegenwart dieses erfahrenen Arzneigelehrten, welcher durch seine blosse Minen und sein leutseeliges Zureden mehr zu seiner Beruhigung beitrug, als vier Personen, die ihn nicht hatten bändigen können. Wie sehr ist doch die Aufführung derer {30} meisten Arzneiverständigen von derienigen verschieden, welche ein ieder an dem vorigen Arzte bewundern mus. Ich wünschte, daß dieser vortreffliche Mann mehrere Nachfolger haben möchte, als ich glaube daß man sie antreffen wird. So viel ist indes gewis, ein solches Beispiel kan leicht Gelegenheit geben, daß mehrere Parthei ergreifen, durch eine ähnliche Aufführung die Würckung ihrer Arzeneien zu befördern, dem Krancken dadurch die gröste Gefälligkeit zu erzeigen, und sich selbst glücklich zu machen, indem sie ihren guten Namen bevestigen und auch ihren Pflichten eine völlige Genüge thun.

§. 12.

Wenn ich meinen Zweck, den ich mir bei dieser Schrift vorgesezzet habe, erreichen will, nämlich mehrere Liebhaber zu denenienigen Wissenschafften anzuwerben, in welchen man die Seele psychologisch curiren lernet, so mus ich notwendig zeigen, daß selbige sehr offte notwendig, öfterer höchstnüzzlich, niemals aber schädlich sind, wenn sie auch wol manchmal wegbleiben könnten. Das leztere brauchet am wenigsten meines Beweises, woferne ich darthun kan, daß es allemal nüzzlich sey, mit denen Curen von anderer Art die psychologischen zu verbinden. Ich werde mich demnach nur bei denen beiden ersten Stücken aufzuhalten haben.

§. 13.

{31} Alle Kranckheiten, denen ein Mensch nur ausgesezzet ist, sind entweder Kranckheiten der Seele, oder des Körpers. Ich mus zwar selber eingestehen, daß es nicht überall notwendig ist, Seelenkranckheiten durch psychologische Curen zu heben, alsdenn nemlich, wenn dieselben ihren ersten Sizz nicht in der Seele haben, sondern nur als Gegründete von den Kranckheiten ihres Körpers müssen angesehen werden. Hier kan man freilich wol ohne eben nothwendig zu psychologischen Curen seine Zuflucht nehmen zu dürfen, mit der Kranckheit der Seele fertig werden, wenn man nur bedacht ist, den Körper und dessen Kranckheit zu curiren. Denn wenn der zureichende Grund der Gemüthskranckheit wegfält, so mus freilich das zureichend gegründete würcklich zu seyn aufhören. Indessen ist doch nichts leichter zu erweisen, als daß auch selbst bei solchen Gemüthskranckheiten, die ihr Daseyn einer Kranckheit im Körper zu dancken haben, dem ohngeachtet eine psychologische Cur nicht nur nicht schädlich sey, sondern so gar mit vielem Nuzzen angebracht werden könne. Wenn man die Ursache ei[ner] Kranckheit mit vervielfältigten Kräfften bestreitet, so muß man allemal mehr und viel eher gewinnen und zu Stande kommen, als wenn man selbige nur von einer Seite angreifet. Das erstere findet statt, wenn man eine {32} Kranckheit im Körper durch den Gebrauch guter Arzneimittel hebe, und zugleich vor die Seele durch eine vernünfftige psychologische Cur Sorge zu tragen bemühet ist. Das leztere aber geschicht, dafern man sich blos allein um die Kranckheit, so in dem Körper wütet, bekümmert und die Seele in ihrem elenden Zustande verlässet. Es ist wahr, in dem Falle, den ich in diesem § annehme, ist die

Kranckheit des Körpers die Ursache, welche die Seele verwirret, und es müssen alle Folgen wegfallen, wenn ihre Ursache vertilget ist. Allein man muß wissen, daß ein vernünfftiger Arzneigelehrter auch, indem er die Ursache einer Kranckheit zu heben suchet, die schlimmsten Zufälle besorget. Und eine Seelenkranckheit, die von einer Leibeskranckheit herrühret ist ein Zufal, der gewis die gröste Aufmercksamkeit verdient. So gewis es über dem ist, daß mit Hiwegräumung der Ursachen auch die Würckungen wegfallen, so gewis ist es auch, daß mit Verhinderung der Würckungen die Ursachen gehoben werden. Nirgends kan der leztere Weg sicherer erwählet werden, als bei diesen Seelenkranckheiten, und auf solche Weise kan man selbst die Kranckheiten des Körpers geschwinder und wenigstens mit mererer Gewalt vertreiben, als wenn man sich mit der Cur des Körpers alleine beschäfftiget. Die Erfahrung lehret dieses zu genüge. Man {33} verbinde mit der Cur wieder die Hypochondrie, eine angenehme Lebensart, ich meine auserlesene Gesellschaften, lustige aufgeweckte Gespräche, aufmunternde Zeitvertreibe, so wird gewiß dieses Uebel tausendmal eher gehoben werden können, als durch die gewöhnliche Cur des Körpers.

§. 14.

Wenn eine Gemüthskranckheit ihren ersten Ursprung in der Seele selbst genommen hat, so ist es nicht allein nüzzlich, sondern auch, wie unten mit mehrerem soll gezeiget werden, nothwendig eine psychologische Cur vorzunehmen. Inzwischen da auch diese Kranckheiten der Seele in dem Körper gleichfalls Unordnungen anrichten, so ist es allerdings in vielen Fällen nöthig, auch dem Körper durch dienliche Arzneimittel zu Hülfe zu kommen. Man kan hier eben so von der Seele auf den Körper schliessen, wie ich im vorigen § von dem Körper auf die Seele geschlossen habe. Mit einem Worte, es ist ein so genauer Zusammenhang zwischen denen Kranckheiten des Leibes und der Seele, daß man ganz sicher schliessen kan, es werde die Cur des einen Theiles von dieser Gemeinschaft allemal dem andern zum wenigsten Nuzzen bringe, wenn selbige auch eben nicht nothwendig seyn solte.

§. 15.

Diese Betrachtungen werden uns gar leicht auf das Urtheil verhelfen, daß die psycho-{34}-logischen Curen auch bei allen Kranckheiten des Körpers nützlich seyn müssen. Eine Kranckheit des Körpers entstehet entweder von einer Gemüthskranckheit oder sie nimmt ihren ersten Ursprung im Körper selbst. Im ersten Fall verstehet es sich, daß es nothwendig sey, den Anfang mit der Heilung der Seele zu machen. Ich gebe zu, daß manchmal die Arzneimittel allein hinreichend sind, die Cur zu verrichten. Allein es frägt sich hier nur, ob es nicht nüzzlich sey, zugleich hierbei psychologische Curen zu gebrauchen. Ich glaube nicht, daß jemand dieses wird läugnen können, da die Seele so beschaffen ist, daß sie sich allemal viel eher und leichter leiten, als zwingen lässet. Scheint es aber nicht, daß es eine Art des Zwanges für sie ist, wenn man sie blos durch Arzneimittel curiret. Es ist eben daher kein Wunder, wenn die Arzneien oftermahlen bei dergleichen Kranckheiten nicht anschlagen wollen. Einem Verliebten mag man noch so viele niederschlagende Arzneimittel reichen, man wird sehen, daß alle Mühe vergeblich ist, wenn man seine Leidenschaften nicht gehörig anzugreifen, und sein Herz nicht zu lencken vermag.

§. 16.

Die ursprünglichen Kranckheiten des Körpers breiten ihre betrübten Folgen allemal mit in die Seele aus, und dieses noch um desto {35} mehr, ie grösser dieselben sind. Eine vernünftig angebrachte psychologische Cur ist hier so dann eben das, was ein kostbarer Balsam bei einer gefährlichen Wunde ist, denn dieselbe ist wenigstens im Stande die Empfindungen der Kranckheit des Körpers schwächer zu machen. Ja es giebt so gar Fälle, da dergleichen Kranckheiten des Körpers durch psychologische Curen sind völlig gehoben worden. Ein Mann lag an der Bräune (angina) danieder. Er sah sein Kind zum Fenster hinausfallen, und war hiedurch auf das heftigste erschrecket. Nachdem er lange Zeit eine stumme Person vorgestellet hatte, fieng er das erste mahl erbärmlich an zu schreien, sprang hurtig von seinem Lager auf, und seine Bräune war völlig curiret. Alles bisher angeführte, deucht mich, bestätiget zur Genüge, daß die psychologischen Curen bei allen Arten der Kranckheiten mit vielem Nuzzen können angebracht werden. Man kan durch dieselben wenigstens da, wo sie keine völlige Hülfe verschaffen, die Kranckheiten erleichtern, und dem überhand nehmenden Wachsthume durch dieselben vorbeugen.

§. 17.

Ich kann bei Gelegenheit derer vorhergehenden Betrachtungen nicht umhin einige wenige Anmerckungen zu machen. Wenn es mit dem seine Richtigkeit hat, daß die psycholo-{36}-gischen Curen bei nahe in allen Kranckheiten, wo nicht unumgänglich nothwendig, doch zum allerwenigsten nüzzlich sind, so folget ganz natürlich, da es bei diesen Arten von Seelencuren auf die Aufführung des Arztes, auf seine Gespräche, Minen und Geberden gemeiniglich fast alleine ankommet, daß durch die wunderliche und oft gänzlich tadelhafte Conduite vieler Arzneiverständigen, bei ihren ihrer Sorgfalt anvertrauten Krancken ungemein viel Schaden angerichtet werden müsse. Mir ist ein Arzneigelehrter bekandt, welcher die besondere Gabe hat, denen unter seine Hände gerathenen Patienten mit fröhlichem Angesichte und aufgeklärter heiterer Stirne die Todespost anzukündigen. Ich habe Gelegenheit gehabt, einer solchen Arbeit von ihm mit beyzuwohnen. Der Schreck, welcher hierüber bei diesem Elenden entstand, ist nicht zu beschreiben, und dieser wäre schon hinlänglich gewesen, die Prophezeihung des Arztes an ihm wahr zu machen. So aber fiel zum guten Glück aller Schaden blos auf den unverständigen Arzneigelehrten, denn man verlies ihn, und eilete bei einem klügern sich Raths zu erholen. Dieser war so glücklich, daß er den

Patienten bald dahin brachte, daß er das Bett verlassen, und nach einiger Zeit wieder ausgehen konte. Wäre der andre Arzt nicht gerufen worden, und hätte selbiger durch seine Trostgründe und schmeichelhafte Hoff-{37}-nung einer baldigen Wiedergenesung, dasjenige nicht wieder gut gemacht, was der erste durch seine unbesonnene Todesankündigung verdorben hatte; so ist kein Zweifel, dieser mitleidenswürdige Mensch wür-de die gefährlichsten Würckungen des Schrecks, als so viele Hülfsmittel zum Antritte der grossen Reise, haben empfinden müssen. Wie sehr wünschte ich, daß dieser wunderliche Arzneigelehrte nur wenige Nachfolger ha-ben möchte: aber leider! ist die Anzahl derer Aerzte, die eine gesunde, regelmäßige und vernünftige Aufführung bey dem Kranckenbette beobachten, gegen diejenigen gerechnet, welche durch ihre üble und unanständi-ge Conduite das verderben, was vielleicht ihre Arze-neimittel noch wol gut machen möchte, so ungemein klein, daß man sich nicht genug darüber beklagen kan. Wie behutsam solte man von Rechtswegen seyn, solche Leute zu der Erlernung der Arzneiwissenschaft hinzu-zulassen, welchen es an denen zu dieser höchst wichti-gen Wissenschaft gehörigen Leibes und Gemüthsgaben fehlet. Allein so lange ist wohl freilich noch wenig hierin zu hoffen, als man noch vermeinet, Ursachen zu haben, zu glauben, man könne als ein Arzneiverständiger ohne Erlernung der Philosophie und ohne eine gute Condui-te gut in der Welt fortkommen. Ist dieses verderbliche Vorurtheil aber erst aus dem Wege geräumet worden, so wird man {38} zur rechten erwünschten Besserung in diesem Stück die gegründeteste Hofnung haben.

§. 18.

Wer solte nicht wissen, was die Worte in dem Munde eines Geistlichen für Nachdruck in den Seelen krancker Leute haben, und was für Würckungen sie bei diesen Menschen hervorbringen. Was für Unheil kan er nicht also aus dieser Ursache bei einem Krancken stiften, wie sehr kan er nicht der Cur des Arztes zuwieder handeln, und dieselbige auf unzälige Arten stöhren, wenn er seinem Triebe, ohne eine Ueberlegung über die Umstände in welcher sich der Krancke befindet, angestellet zu haben, schlechterdings Folge leistet, und die Seele des Elenden durch eine lange Gesetzpredigt in die unruhigsten und betrübtesten Bewegungen versezzet. Wäre es also wol unbillig und unvernünftig, wenn Prediger und Arzneiverständiger sich vorher von dem Zustande des Patienten unterredeten, und dieser ienem die Anweisung gäbe, wie er glaubte, daß selbiger mit dem gegenwärtigen Krancken umzugehen hätte. Ein Geistlicher kan seinem Amte und Gewissen schon ein Genügen thun, wenn er gleich eben nicht mit Verdammen und der Erinnerung der Höllenstrafen seinen ersten Auftritt vor dem Kranckenbette macht. Sind denn nicht sanftere Gemüthsbewegungen im Stande bei den mehresten Menschen mehr Gutes {39} auszurichten als solche, die einem der Verzeifelung nahe bringen. Gewis ein Patient, der sich durch die Betrachtungen der unzähligen Wolthaten, womit ihn das höchste Wesen beständig überhäuft hat, nicht in einen zärtlichen und zur Besserung geschickten Affect sezzen lässet, wird noch viel weniger auf eine so gewaltsame Art bekehret werden. Es ist nicht zu verwundern, daß sich viele Arzneiverständige so sehr scheuen, einen Prediger zu ihren Patients rufen zu lassen. Sie müssen in der Folge sehen, daß ihre Krancken mehrentheils nach dem Besuche eines Geistlichen weit schlimmer und ihre Umstände gefährlicher geworden sind, als sie vor der Erscheinung desselben gewesen. Wenn im Gegentheile die Priester sich bei den Kranckenbetten so zu verhalten und aufzuführen bemühet wären, wie sie billig nach denen Regeln, der Seele ihrer Natur gemäs zu Hülfe zu kommen, thun solten; so würde ein vernünftiger Arzneiverständiger, dem es um das Wol seines Patienten im rechten Ernst zu thun wäre, mit Vergnügen sehen müssen, wenn ein Geistlicher seine Besuche so ofte, als es ihm möglich wäre, bei dem Krancken ablegte. Denn auf diese Art würde es ihm durch seine kluge und rühmliche Aufführung die Arbeit ungemein erleichtern, und also zur schleunigern und völligen Wiedergenesung des Patienten ungemein vieles beitragen.

§. 19.

{40} Noch eines kan ich bei dieser Gelegenheit unmöglich unangeführet lassen. Es ist bei uns einmal zur Mode geworden, daß diejenigen, welche auch nur so zu sagen vom weiten Umgang mit einem Krancken gepflogen haben, so bald sie durch den Ruf von seinem Uebelaufbefinden sind benachrichtiget worden, auf das geschwindeste zu ihm eilen, ihn beklagen, ihn trösten und zu gleicher Zeit zeigen, daß sie da sind. Ich gebe sehr gerne zu, daß diese Leute aufrichtig seyn können.

Es ist möglich, daß sie aus einem wahren Mitleiden und aus redlicher Menschenliebe angetrieben werden, ihr Beileid dem Krancken seines elenden Zustandes wegen zu bezeigen. Allein ist dieses darum allemal gut gethan? Man hat manchmal an iemanden etwas mit Wiederwillen bemercket, das man zwar so lange man noch gesund und bei völligen Gemüthskräften war, noch wol hat ertragen können, das wir aber alsdenn unmöglich ausstehen können, wenn wir uns bettlägerig befinden. Der allerkleinste und geringscheinende Umstand ist in der Kranckheit geschickt, das Gemüth des Krancken zu beunruhigen. Hiezu kommt noch der Zwang, welchen sich der Patient anthun mus, diese ihm aniezzo unerträgliche Unvollkommenheit, an einer Person, die bei ihm ihren Besuch abstattet, wieder Willen zu ertragen. Er ärgert sich heimlich {41} darüber und ist froh wenn sein Freund Anstalten zum Aufbruche machet. Indessen ist doch der Schade angerichtet, und ein solcher guter Freund kan, ohngeachtet er bei seinem Besuche die redlichsten und billigsten Absichten geheget, dennoch sehr viel Unheil bei dem Krancken angerichtet haben. Wäre es also nicht weit vernünftiger und besser, man liesse alle solche Besuche gerade zu unter einigem Vorwande absagen, als daß man durch die Beobachtung dieser übertriebenen Höflichkeit dem Krancken seinen gefährlichen Zustand noch schlimmer machte. Ja gesetzt auch, daß ein Patient seinen Freund vollkommen wol leiden kan, so ist doch allemal zu befürchten, daß sich derselbe nicht auf die gehörige Art bei dem Krankenbette zu verhalten wisse. Es wäre aus diesen Ursachen zu wünschen, daß man keinen Besuch bei besonders wichtigen

Kranckheiten annähme, als nur von solchen Personen, von welchen man überzeugt ist, daß sie die Gemüther der Menschen leicht erforschen und sich nach denselben auf die gehörige Art einrichten können. Wären die klugen alten Weiber, die allen Krancken mit Rath und That beizustehen wissen wollen, zur Satire nicht zu schlecht und niedrig, so verdienten sie hier die gröste Züchtigung.

§. 20.

Bisher ist die Nüzzlichkeit der psychologischen Curen der Gegenstand meiner Betrachtungen {42} gewesen; es sind also noch diejenigen Fälle zu erwägen übrig, in welchen sich dieselbigen unentbehrlich und nothwendig machen.

Erstlich und vornemlich sind die psychologischen Curen da nothwendig, wo der erste Grund einer Kranckheit in der Seele seinen Ursprung hat, denn in solchem Fall mag man an dem Körper arbeiten und curiren, wie man will, man wird nimmermehr mit der Kranckheit fertig werden, wenn man sein Absehen in der Cur blos auf den Körper gerichtet hat. Nichts ist leichter zu begreifen als eben dieses; denn wie will man mit einer Kranckheit glücklich zu Stande kommen können, die ihren ersten Grund in der Seele hat, wenn unser Augenmerck in der Cur einzig und allein auf den Körper gehet. Eine Kranckheit curiren ist nichts anders, als die Ursachen derselben aus dem Wege räumen. Denn wenn die Ursachen, als der Grund der Existenz derselben gehoben sind; so mus die Existenz der Kranckheit, d. i. die Kranckheit als das Gegründete von sich selbst wegfallen. Ist nun eine Kranckheit in dem Körper oder der Seele befindlich, deren erster Grund in der Seele seinen Siz hat, so mus man bei der Cur die Ursache derselben oder den Grund ihrer Existenz heben. Dieser soll in der Seele liegen. Es ist demnach in diesem Falle nothwendig, die Seele psychologisch zu curiren, damit man auch dem Körper zu seiner {43} vorigen Gesundheit verhelfen könne. Ich will hiemit nicht sagen, daß man bei diesen Kranckheiten nicht auch Arzneimittel geben könne. Ein ieder wird aus dem, was im vorhergehenden gesagt worden, wissen, daß bei solchen Kranckheiten, die ihren ersten Grund im Körper haben, die psychologischen Curen dennoch von unbeschreiblichen Nuzzen sind §. 16, warum sollte man nicht auch umgekehrt eben das behaupten können. Man kan demnach bei psychologischen Curen Arzneimittel, und bei Kranckheiten des Körpers psychologische Curen mit vielem Nuzzen anbringen. Es kommet bei beiden nur darauf an, daß bald bei dem einen das nüzzlich ist, was bei dem andern nothwendig ist, und umgekehrt.

§. 21.

Man kan hierwieder zwei Einwendungen machen, nemlich erstlich, daß wenn alle Würckungen weggenommen werden, auch dadurch die Ursache gehoben würde. Man hätte also nur nöthig allen schädlichen Folgen im Körper durch den Gebrauch dienlicher Arzneimittel zu steuren, so würde die Ursache derselben, ohngeachtet selbige in der Seele müsse gesucht werden, von selbst wegfallen. Allein man bedencke, daß eine solche Gemüthskranckheit, ausser denen Folgen, welche sie im Körper nach sich ziehet, noch zehnmal mehr habe, die in der Seele bleiben; so daß es nicht {44} wol wird angehen können allen durch Arzneimittel abzuhelfen. Zudem sind uns ia wenn es auch möglich wäre, keine untrügliche Arzneimittel (SPECIFICA) für dergleichen Gemüthskranckheiten bekandt.

Zweitens könnte man einwenden, daß man zwar zugeben wolte, es müsse in dem angegebenen Falle eine Seelencur vorgenommen werden, man könne aber nicht zugeben, daß es eben eine psychologische sein müsse. Hierauf diente zur Antwort, daß es allezeit besser sey, wenn man die Seele ihre Kranckheiten vermittelst ihrer eigenen Kräfte heben lässet, weil sie selbige durch sich selbst hervorgebracht hat, und also hiezu auch am besten geschickt ist. Zudem kan man zwar durch Arzneimittel die wichtigsten Würckungen der Gemüthskranckheiten eine Zeitlang verhindern, sie werden aber bald und noch heftiger als vorher wieder zum Vorscheine kommen.

§. 22.

Einige Beispiele ursprünglicher Gemüthskranckheiten welche eine psychologische Cur nothwendig erfordern, sollen dasienige bestätigen, was ich hievon gesagt habe. Das Heimweh (NOSTALGIA) ist ein solches Beispiel. Diese den Schweizern vor andern eigne Kranckheit bestehet darin, daß einer bei Gelegenheit einer ähnlichen Vorstellung, die er an einem Orte, wo er sich eine Zeitlang auf-{45}-gehalten, gehabt, eine unbändige und brennende Begierde bekommt, denselben wieder zu sehen. Wer wolte läugnen, daß der erste Grund dieser Kranckheit in der Seele seinen Siz habe. Man versuche aber auch hier die besten Arzneimittel, sie werden diesem Uebel nicht den geringsten Einhalt thun. Hingegen wenn man diesen Patienten eine Reise thun lässet, es mag auch gleich nicht dahin seyn, wo er sie hinverlanget, so wird hiedurch diesem Uebel balde abgeholfen. Solte es wohl nöthig seyn zu erweisen, daß dieses Verfahren eine psychologische Cur sey? Derer Verliebten mus ich noch Erwähnung thun, weil dieser ihre Kranckheit sich beinahe auf das ganze menschliche Geschlecht erstrecken soll. Man sagt die Verliebten wären, besonders im Anfange ihrer Leidenschaft halbe Narren, oder damit ich es etwas gelinder gebe, um keine Lästerung wider das ganze menschliche Geschlecht zu sagen, sie wären entzückte. Kan wol iemand läugnen, daß diese Kranckheit ihren ersten Grund in der Seele habe? Aber nie hat man einen Verliebten durch Pillen und Pulver curiret. Wodurch sonst aber? durch eine Seelencur, welche den Gesezzen der Natur solcher verliebter Seelen gemäs eingerichtet ist. Eben iezzo fällt mir ein, daß man vielleicht die Verliebten nicht mit unter die psychologisch Krancken rechnen möchte. Ich kan mich alsdenn mit nichts, als {46} den Mangel der eigenen Erfahrung entschuldigen.

§. 23.

Zum zweiten sind auch da die psychologischen Cu-

128

ren nothwendig, wo sich eine in dem Körper befindliche Kranckheit allzusehr in der Seele ausbreitet. Denn da ein Vernünftiger Arzneigelehrter sich nicht blos dahin bestreben mus, daß er die Ursachen derer Kranckheiten hebet; sondern auch auf dieienigen Zufälle Acht haben mus, welche am meisten treiben, und die von sehr gefährlichen Folgen sind; so wird ein Arzneiverständiger nothwendig dahin bedacht sein müssen, der Seele in einer Kranckheit des Körpers zur Hülfe zu kommen, welche so beschaffen ist, daß sie gefährliche und schädliche Folgen in diesem edelsten Theile des Menschen nach sich ziehet. Die psychologischen Curen sind die Mittel, die bei rechtem Gebrauch derselben, am schleunigsten und besten die Seele heilen können. Sie sind also bei so gestalten Sachen nothwendig. Damit man meine Meinung desto eher einsehe, will ich folgende Exempel hieher sezzen. Die Taranteln, eine Art der giftigsten Spinnen in Italien, können durch ihren Biß, in dem Körper des von ihnen verwundeten Menschen die gräslichste und betrübteste Unordnung anrichten. Wer eine Beschreibung dieses schädlichen Geschöpfes verlanget, kan dieselbe in des Hamburgischen Magazins {47} Ersten Bandes, Erstem Stück auf der 68. 69. S. finden. Die kläglichen Folgen, so auf den Bis dieser giftigen Spinnen erfolgen, erstrecken sich, wie solches die traurigen Erfahrungen bestätigen, nicht allein auf den Körper. Die Seele wird auch und zwar hauptsächlich mit angegriffen. Ein von einer Tarantel gebissener verfällt nach diesem Biß in eine Melancholie, wie solches alle dieienigen bezeugen, die hievon geschrieben haben. Es erstrecken sich demnach die Würckungen des

Tarantelbisses ungemein in die Seele. Wir wollen sehen, ob hier eine psychologische Cur nothwendig sei. Die Erfahrung als die beste Lehrmeisterin, mag es ausmachen. Selbige lehrt uns, daß ein Tarantelbis seinen traurigen Würckungen nach, durchaus nicht durch Arzneimittel, sondern auf folgende besondere Art könne curiret werden. Man bringt einen Musickverständigen zu dem Patienten. Dieser spielet verschiedene Stücke. Der Patient bleibet so lange in seiner finstern Melancholie liegen, bis der Kunstverständige eines trift, welches ihm besonders gefällt. Alsdenn erhebt er sich, fänget an zu tanzen, und durch diese heftige Bewegung, kommt er in einen starcken Schweis. Sezzet man dieses Verfahren einige Zeit gegen ihn fort, so wird das Gift nach und nach aus dem Körper des Patienten geschaffet, und er selbst wiederhergestellet. Was ist aber dieses für {48} eine Cur? Gewis keine andere, als eine psychologische. Denn wenn man bedencket, daß der von der Tarantel gebissene nicht bei iedem Stücke, das ihm vorgespielet wird, zu tanzen anfänget; sondern nur bei solchen, die ihm für andern angenehm sind, so geräth man ganz natürlich auf die Gedancken, daß durch das ihm beliebige und wolgefällige Stück angenehme Vorstellungen bei ihm erreget werden, welche die traurigen und verdrieslichen aus der Seele verdrängen. Da dieses nun nach denen Gesezzen der Natur der Seele geschiehet, so muß diese Cur psychologisch seyn. Der Umstand, weil er zu meinem Zwecke hauptsächlich dienlich ist, mus nicht unangemerckt gelassen werden, daß so viel man bisher weis, keine Arzneimittel in dieser Kranckheit etwas verfangen wollen: sondern daß die ietzt angeführte psychologische Cur das meiste und beste hierbei thue. Man siehet hieraus die Nothwendigkeit solcher Curen bei diesen und ähnlichen Fällen. Es fehlet uns nicht an mehrern Beispielen dieser Art. Der Kürze wegen will ich nur noch einige wenige anführen, damit man sehe, daß es nicht in dem einzigen Falle von Tarantelbisse allein zutreffe. Bei milzsüchtigen Personen (HYPOCHONDRIACIS) kan man ebenfals behaupten, daß ihnen eine psychologische Cur nothwendig sey. Ihre Kranckheit verräth sich hauptsächlich durch eine ausschweifende {49} Einbildungskraft. Bald glauben sie eine Nase einer Elle zu lang zu haben, bald sehen sie Hunde um sich herum, bald bilden sie sich ein, eine Sündfluth im Leibe zu haben, oder von Zucker gemacht zu seyn, weshalb sie sich, um nicht Gefahr zu zerschmelzen zu laufen, für allen Feuchtigkeiten sorgfältig hüten. Die Arzneiverständigen werden gar selten mit diesen Leuten fertig; dahingegen die psychologischen Curen hier die vortrefflichsten Würckungen gethan haben. Man findet sie in vielen Schriften angeführet, besonders kann man des gelehrten Herrn Hofrath und Professor Nicolai, Würckungen der Einbildungskrafft hierbei zu Rathe ziehen. Ich muß noch ein Wort von denen so genannten melancholischen Personen sagen. Ein ieder weis was für Überhand diese Kranckheiten in den Seelen solcher Krancken nehmen. Solte auch hier eine psychologische Cur nothwendig sein? Ich behaupte es. Man sehe nur einmal zu, wie viel man hier durch bloße Arzneimittel auszurichten vermag. Rathen nicht unsre besten und erfahrensten Arzneiverständigen diesen Personen einen muntern Umgang mit lebhaften Gesellschaftern, und zur Zerstreuung der traurigen Vorstellungen anmuthige Reisen an. Diese thun auch das beste bei der Sache. Bei einem aufgeheiterten Gemüthe geht der Umlauf des Bluts lebhafter von statten, durch diesen aber wird {50} das dicke Blut in den Adern verdünnet, und so wird die Ursache der Melancholie im Körper gehoben, wodurch denn die Seele sowol als der Körper von ihrem Übel geheilet und befreiet worden. Je mehr demnach das Übel im Körper sich auch in die Seele erstrecket, desto nothwendiger werden auch die psychologischen Curen bei solchen Kranckheiten seyn müssen.

§. 24.

Drittens sind auch da die psychologischen Curen nothwendig, wo die Kranckheiten im Körper unheilbar sind. Man giebt uns in der Arzneiwissenschaft nachfolgende Regel: wo man Kranckheiten nicht heilen kan, da sey man dahin bedacht, die schweresten und gefährlichsten Zufälle zu beheben, damit man, wo unser Augenmerk auf die völlige Wiedergenesung nicht kan gerichtet seyn, wenigstens dem Leben ein längeres Ziel sezze. Ich behaupte, daß alle beide Stücke von psychologischen Curen können bewerckstelliget werden, und aus diesem folgere ich, daß sie in unheilbaren körperlichen Kranckheiten unentbehrlich sind. Die gewöhnlichsten Kranckheiten, die keine völlige Heilung hoffen lassen, sind die innerlichen Verlezzungen. Unsre Erkenntnis reicht hier nicht zu. Die Patienten bekommen endlich ein langsames und auszehrendes Fieber, welches sie bis in den {51} Tod begleitet, und zu desselben Beschleunigung das meiste beyträgt. Was ist wol natürlicher, als daß ein solcher Elender, der ohnerachtet des täglichen Gebrauchs der besten Arzneimittel, statt der erwünschten Besserung, die überhandnehmende Verschlimmerung seines Zustandes bemerckt, endlich von selbst darauf geräth, sein Übel müsse nicht gehoben werden können, und er werde ein Candidat des Todes seyn. Diese Vorstellungen ziehen eine melancholische Traurigkeit nach sich, in welcher sich ihm das scheusliche Bild des Todes zeiget. Hieraus entstehen unordentliche Bewegungen im Körper, die eine Ursache sein können, daß das langsame Fieber, welches die Patienten nicht so geschwinde aufreibet, in ein hectisches verwandelt und so der Kranckheit durch den Tod ein baldiges Ende gemacht wird. Man siehet hieraus, daß die melancholische traurige Gemüthtsverfassung eines innerlich verlezten und unheilbaren Krancken eine der gefährlichsten Zufälle dieser unüberwindlichen Kranckheiten sey, wodurch der Tod beschleunigt wird. Diesen üblen Folgen mus ein Arzneiverständiger durch Wegschaffung ihres Grundes abhelfen, und ihnen, wenn er noch nicht vorhanden ist, vorbauen, wie dieses seine Pflicht bey unheilbaren Kranckheiten von ihm erheischt. Im vorhergehenden § ist erwiesen worden, daß {52} die psychologischen Curen dieses zu leisten vermögen.

§. 25.

Es ist von dieser Materie noch etwas zu sagen übrig, welches ich nicht unberühret lassen kann, weil dadurch

die Nothwendigkeit psychologischer Curen bei unheilbaren Kranckheiten noch mehr erhellet. Zwischen dem
Leibe und der Seele waltet die genaueste Gemeinschaft
ob, wenn demnach die letztere erheitert ist, so mus dieser an der Wollust, so jene empfindet, Theil nehmen.
Man errege also durch psychologische Curen angenehme und rührende Vorstellungen in der Seele; so wird
dadurch so viel erhalten, daß der Körper auf einige Zeit,
die beschwerliche Arbeit, welche ihm die unheilbare Kranckheit machet, verlässet, um den angenehmen
Empfindungen, so in der Seele vorgehen, harmonisch
zu handeln. Ob dieses gleich nicht vermögend ist, die
Kranckheit völlig zu heben, so stiftet man doch dadurch
großen Vorteil, da man dem Krancken einige Erleichte-
rung verschaffet. Sollten so viele Nuzzen der psychologischen Curen bei diesen Kranckheiten, selbige bei ihnen nicht nothwendig machen?

§. 26.

Endlich und zum Vierten finden auch alsdenn die
psychologischen Curen nothwendig {53} statt, wenn die
Gemüthsunruhen die Kranckheiten des Körpers ungemein vermehren. Eine Kranckheit kann auf verschiedene Weise vermehret werden. Wenn die Ursachen derselben zunehmen, so müssen freilich ihre Würckungen,
das ist, das Übel im Körper überhand nehmen. Durch
die Verschlimmerung der Zufälle wächst die Kranckheit selbst, und so in andern Fällen mehr. Die Erfarung
lehret, daß durch Gemüthsunruhen die Ursachen und
Zufälle der Kranckheiten, die oft gefährlicher als die

Kranckheiten selbst sind, vermehret werden können. Es ist daher kein Zweifel, daß selbige nicht durch Gemüthsunruhen eine größere Gewalt erhalten solten. Von der Zurückhaltung des Blutflusses nach der Geburt (LOCHIORUM) ist bekandt, daß ein verursachter Schreck, oder andere traurige Gemüthsverfassungen, diese gefährliche Zurückhaltung des Bluts, von welcher die künftigen Kranckheiten solcher Frauenspersonen auf ihre ganze Lebenszeit fast allein abhängen, ungemein befördern. Bei dem Schreck und allen Arten der Traurigkeit geht die Richtung des Bluts mehr nach denen innern Theilen, als nach der Peripherie: dieses geschicht indem sich die Enden der Blutgefässe starck zusammenziehen. Man siehet daher, wie der Schreck, die Traurigkeit u.s.f. diese vor die Kindbetterinnen von so schlimmen Folgen begleitete Kranckheit verstärcken. Denn {54} bei der Zurückhaltung des Blutflusses nach der Geburt kommt es mehrentheils darauf an, daß die Enden der Blutgefäße zu starck spastisch zusammengezogen sind: Doch kan manchmal die Dicke des Blutes hieran auch Schuld seyn. Es mag indessen, eine Ursache dieser Kranckheit von beiden seyn, welche es will, so wird doch durch den Schreck und alle Arten von traurigen Gemüthsstellungen dieser Zustand verschlimmert. Das dicke Blut verhindert an sich den Blutflus starck genug, und durch das spastische Zusammenziehen der Enden der Blutgefässe wachsen die Hindernisse. Ist die spastische Zusammenziehung die Ursache, so verstehet sich dieses von selbst. Eben so pflegen die angenehmen Leidenschaften, den Blutflus der Kindbetterinnen, wenn sie heftig sind, allzustark zu vermehren. Denn man bemerckt, daß bei diesen Gemüthsbewegungen der Trieb des Bluts mehr von innen nach außen geschehe. Solchergestalt ist es, wie jeder Arzneigelehrter weiß notwendig, das Gemüth der Kindbetterinnen in diesem Zustande so ruhig, als es nur möglich ist, zu erhalten. Und niemand solte, außer dem Arzneiverständigen und dem Priester, vor sie gelassen werden, der nicht die vortreffliche Kunst verstünde, die Gemüther zu besänftigen.

§. 27.

Da die Gallenkranckheiten diese Sache sehr {55} schön erläutern; so kan ich nicht umhin, derselben kürzlich zu gedencken. Die Arzneiverständigen sind darin durchgehends mit einander einig, daß die Gallenkranckheiten meistens von einer vorhergegangenen Aergernis oder Zorn ihren Ursprung nehmen. Mit der Aergernis oder dem Zorne ist eine häufige mehr als gewöhnliche Überlauffung der Galle in die Gedärme verbunden. Ist der Zwölffingerdarm (INTESTINUM DUODENUM), in welchen sich der gemeine Gallengang (DUCTUS CHOLEDOCHUS) eröfnet, von diesem Safte zu sehr angefüllet, so tritt ein Theil desselben in den Magen. Die Galle wird gar bald scharf, und weil sie alsdenn leicht die inneren Häute des Magens und der Gedärme anfrißt, so entstehen daher Entzündungen, welchen bald die entsezlichsten Fieber folgen. Auf diese hier nur ganz kurz berührte Art wird der Schaden im Körper würcklich, von welchem die Aergernis und der Zorn die Ursachen sind. Man hat also hier Beispiele solcher Kranckheiten, die blos durch psychologische Kunstgriffe können verhindert werden. Man verhüte diese Gemüthsbewegungen nach denen vorgeschriebenen Regeln, so beuget man gewis denen gewöhnlichsten Gallenkranckheiten vor. Man bemühe sich aber auch dieselben zu besänftigen, wenn sie vorhanden sind, so wird man die Kranckheit des Körpers in ihrer ersten Geburt ersticken, und wenigstens verhindern {56}daß sie nicht durch neuen Zorn noch vermehret werden.

§. 28.

Alle angeführte Fälle, werden uns ganz leicht auf die Gedancken bringen, daß die Kranckheiten im Körper durch Gemüthsunruhen einen neuen Zuwachs erhalten können. Wenn nun die Gemüthsunruhen Gegenstände psychologischer Curen sind, so wird der dem Körper von ihnen zuwachsende Schade, nemlich die Vermehrung der Kranckheit am besten durch eine psychologische Cur theils verhindert, theils, wenn es schon angerichtet ist, gehoben werden können. Was folget aber hieraus wol natürlicher, als daß sich diese Arten von Seelencuren bei Kranckheiten, deren Zustand durch Gemüthsunruhen verschlimmert wird, sehr nothwendig machen.

§. 29.

Außer diesen giebt es noch viele andere Fälle, da man mit Warheit behaupten kan, daß dabei die psychologischen Curen von größerer Nothwendigkeit sind. Ich werde sie aber theils darum nicht hiehersezzen, weil ich nicht gerne zu weitläufig seyn wolte, theils aber auch, weil ich glaube, daß dasienige, so ich davon angeführt habe, zu meinem Zwecke schon hinreichend seyn könne. Ich müste gewis meinen Lesern wenig Einsicht zutrauen, wenn ich an ihrer Überzeugung zweifeln wolte. {57} Allein die Kunst psychologisch curiren zu lernen, scheinet mir den meisten Arzneiverständigen und Gewissensräthen eine sehr unbekandte Sache zu seyn. Die Prediger haben gemeiniglich gewisse Sprüche, darin sie ihre ganze Kunst sezzen. Ich tadle dieses Mittel nicht: allein ein noch so kostbares Mittel fruchtet nichts, wenn es nicht zu rechter Zeit und am rechten Orte angebracht wird. Die Arzneigelehrte sezzen ihre ganze Kunst in ein langsames Achselzucken, und eine frech vorgetragene Ermanung zur Gedult. Man siehet hieraus, daß es ihnen in diesem Stücke noch gar sehr fehle, und daß hier der Knoten sizze. Ich hoffe Gelegenheit zu geben, daß man diese Kunst wenigstens so gar leicht nicht mehr halten wird, als man es gemeiniglich zu thun pfleget. Denn ich werde im folgenden ihren Umfang zeigen, und eine Anleitung geben, wie man zu deren Erlernung gelangen könne.

§. 30.

Psychologische Curen sind solche Seelencuren, die nach den Gesezzen der Natur der Seele eingerichtet sind § 9. Wer demnach psychologisch curiren lernen will, muß sich um die Erlernung der Gesezze der Natur der Seele bekümmern. Wo erfährt man denn diese Gesezze, wenn man sich mit denselben bekandt machen will? Die Seelenlehre ist dieienige Wissenschaft, worin uns die Gesezze {58} der Natur der Seele überhaupt gelehret werden. Da aber diese Wissenschaft blos alsdenn gründlich erlernet werden kan, wenn man sie im Zusammenhange mit denen Wissenschaften durchdencket, mit welcher selbige so genau verbunden ist; so muß einer, der psychologische Curen anzustellen lernen will, sich in der Metaphysick umsehen. Denn wer in der Ontologie und Cosmologie ein Fremdling ist, wird nie geschickt seyn, das Gebiet der Psychologie ohne Anstoß durchgehen zu können. Woher mag es wol kommen, daß die meisten Arzneiverständigen geschworne Feinde der Metaphysick sind? Sie müssen die Unentbehrlichkeit dieser Wissenschaften zu psychologischen Curen, und die Nothwendigkeit dieser Curen nicht einsehen: sie würden ia sonst diese Wissenschaft nicht so sehr verachten, und die Erlernung derselben andern so gar abrathen. Mich deucht, ein Arzneigelehrter, der sich der Praxis ergiebt, und keine Metaphysick gelernet hat, sey nichts weiter, als eine lebende Apothecke.

§. 31.

Wer in der Metaphysick nur ein wenig bewandert ist, wird wissen, daß die Kräfte der Seele in Erkenntnis- und Begehrungskräfte, und beide wieder in obere und untere eingetheilet werden. Eine allgemeine Erkenntnis der Gesezze der Natur unsrer Seele, wie uns {59} selbige in der Psychologie vorgetragen wird, reichet lange nicht zu, daraus psychologische Curen anzustellen zu lernen. Es gehört hierzu vielmehr, eine weitläufige Erkenntnis der Gesezze aller besondern Theile der Natur der Seele, diese können aber unmöglich in der Psychologie so weit abgehandelt werden. Es wird demnach nöthig sein, sich nach besonderen speziellen Wissenschaften umzusehen, in welchen diese Gesezze gehörig auseinander gesetzt vorgetragen werden.

§. 32.

Mit denen untern Erkenntniskräften wollen wir den Anfang machen. Es gibt deren eine nicht geringe Anzahl. Eine iede hat ihr Gesez: in da sich manche untere Erkenntniskräfte noch in verschiedene Arten zergliedern lassen, so kommen nicht allein viele Gesezze, sondern auch viele Regeln vor. Die Aestetick, nach der Erklärung, welche der berühmte Herr Prof. Meier in seinen Anfangsgründen aller schönen Wissenschaften, davon gegeben, ist eine Wissenschaft von der sinnlichen Erkenntnis und der Bezeichnung derselben überhaupt. Etwas nach den untern Erkenntniskräften einsehen ist einerlei mit dem, etwas sinnlich erkennen. Die Aesthetick wird uns also die Gesezze und Regeln der untern oder sinnlichen Erkenntniskräfte genauer und weitläuftiger anführen und erklären als es in {60} der Psychologie geschehen kan. Man muß also die Aesthetick inne haben, um psychologische Curen zu lernen. Die sinnlichen Kräfte der Seele machen uns in der Cur derer Kranckheiten am meisten zu schaffen: folglich mus sich derienige vor andern auf die Erlernung der Gesezze ihrer Natur legen, der psychologische Curen zu verrichten wissen will. Wie verdient hat sich also nicht der berühmte Herr Prof. Meier um die Arzneigelahrtheit gemacht, da Er eine Wissenschaft ausgearbeitet, welche für einen Arzneiverständigen von so unendlichen Nuzzen ist. Gewis Er verdienet, weil Er uns ein so grosses Mittel an die Hand gegeben, in unsern Curen glücklich zu seyn, den größten Danck von der ganzen medicinischen Schule. Wer das unvergleichliche Werck dieses großen Weltweisen selbst mit Aufmercksamkeit durchlieset, wird finden, daß ich hier nicht zu viel gesagt, sondern daß ich Seinen Verdiensten blos habe Gerechtigkeit wiederfahren lassen.

§. 33.

Was die Gesezze der Natur derer obern Erkenntniskräfte betrift, so erfahren wir zwar auch dieselben algemein in der Psychologie: wir wollen uns aber doch umsehen, ob nicht auch eine Wissenschaft vorhanden sey, in welcher uns dieselben weitläuftiger vorgetragen werden. Das Vermögen zur deutlichen Erkenntnis {61}, wird das obere Erkenntnisvermögen oder der Verstand genannt. Eine Wissenschaft, worin die Regeln und Gesezze gesagt werden, nach welchen wir uns bei Erlernung der deutlichen Erkenntnis richten müssen, wird die Gesezze der Natur derer oberer Erkenntnisvermögen und folglich auch der obern Erkenntniskräfte lehren müssen. Das erstere thut die Logick, wird nicht das letztere auch von ihr gelten müssen? Man könnte dieses auch noch auf eine andere Art erweisen. Die Logick lehret uns, nach dem Begriffe, den man sich meistentheils davon macht, wie wir die Philosophie erlernen sollen. In der Weltweisheit erhalten wir, so viel möglich die deutlichste Erkenntnis von den Dingen: unsere obere Erkenntniskraft wird also geschärft. Die Logick wird demnach die Verrichtung über sich nehmen, die Regeln vorzutragen, die der Natur der obern Erkenntniskraft der Seele eigen sind; weil wir aus ihr lernen, wie wir die obern Erkenntniskräfte verbessern sollen. Will man nun Seelencuren nach den Gesezzen der Natur der obern Erkenntniskräfte verrichten lernen; so muß man sich die Logick bekannt machen. Nicht also blos wegen des Capitels vom disputiren, solten sich die Arzneiverständigen um die Erlernung der Logick Mühe geben.

§. 34.

Wir haben nicht allein untre und obere {62} Erkenntniskräfte, wir haben auch untere und obere Begehrungskräfte § 31, welche erstere sich besonders durch Gemüthsbewegungen offenbaren. Diese haben gleichfalls ihre Gesezze, nach welchen man sich richten mus, wenn man derselben Kranckheiten psychologisch curiren will. Man mus also auch diese wissen, um solche Curen verrichten zu lernen. Die philosophische Pathologie ist die Lehre von den Affekten, deren ästhetischer Teil lehret, wie man die Gemüthsbewegungen erregen, unterdrücken und in seiner Gewalt haben soll. Wer weis nicht, was die Gemüthsbewegungen vor unglaubliche und erstaunende Würckungen in dem

Körper hervorbringen, und dieses ist hinlänglich denen Arzneigelehrten und andern, die mit Krancken zu tun haben, diese Wissenschaft auf das Sorgfältigste anzupreisen. Man kann sich hier des Herrn Prof. Meiers gelehrte Schrift von Gemüthsbewegungen mit grossen Nuzzen bedienen. Was die obern Begehrungsvermögen und Kräfte betrift; so kan man die Gesezze ihrer Natur nirgends anders, als in der practischen Philosophie lernen. Ich will mich nicht bei dem Beweise aufhalten, daß auch diese Wissenschaften zur Erlernung der psychologischen Curen unentbehrlich sind, ich werde im folgenden noch Gelegenheit haben, solches zu genüge zu zeigen.

§. 35.

{63} Die Aesthetick §.32. Logick §.33. philosophische Pathologie und Moral §. 34 sind demnach die Wissenschaften, welche zusammengenommen eine vollständige Wissenschaft aller Regeln ausmachen, welche man zu beobachten hat, alle Kräfte der Seele durchgängig zu verbessern. Alle Kranckheiten der Seele haben ihren Siz in den Erkenntnis und Begehrungskräften der Seele §.31. folglich sind diese Wissenschaften hinreichend, alle Kranckheiten der Seele daraus curiren zu lernen. Ich habe mir vorgenommen, von einer ieden dieser Wissenschaften insbesondere noch etwas zu sagen. Denn da ich mich einmal anheischig gemacht habe, eine Anleitung zu geben, wie man die Kranckheiten der Seele psychologisch könne curiren lernen, so wir wol die blosse Anzeige der Wissenschaften, welche die

Regeln dazu in sich enthalten, die Sache hier nicht ausmachen. Die Regeln selbst, die in diesen Wissenschaften vorkommen, kan ich unmöglich abschreiben. Es kommt nur auf derselben Anwendung an, so weis man psychologisch zu curiren. Es soll mir also genug seyn, zu zeigen, wie man die in diesen Wissenschaften enthaltene Regeln bei Kranckheiten der Seele anwenden könne, und hiemit hoffe ich meiner Absicht ein völliges Genüge geleistet zu haben.

§. 36.

{64} Die Aesthetik enthält die Regeln der sinnlichen Erkenntniskräfte und des Vortrages derselben. Sie giebt uns die Regeln, welche sie aus der Natur der Seele herleitet, an die Hand, iede untere Erkenntniskraft zu verbessern. Sie beschäftiget sich zu erst mit der Verbesserung des Vermögens zu attendiren und zu abstrahiren, und man solte sich nicht einbilden, wie nüzzlich diese Regeln bei Kranckheiten der Seele können angebracht werden. Die Phantasten und Unsinnige (DELIRI) haben ihre Kranckheiten öfters einer alzugrossen Zerstreuung des Gemüthes zuzuschreiben, welche nichts anders, als ein Mangel der Aufmercksamkeit auf gewisse Obiecte ist, der davon herrühret, weil so sehr viele Vorstellungen verschiedener Art in der Seele zugleich existiren, auf welche man alle zugleich die Aufmercksamkeit starck richtet. Werden nicht viele Leute Phantasten und Deliranten, wenn sie auf einmal in gar zu viele Umstände verschiedener Art, die alle die Aufmercksamkeit starck an sich ziehen, versezzet werden. Die Unglücksfälle sind hiezu am geschicktesten, die uns selbst angehen, ie mehrere derselben und ie wichtigere einen überfallen, desto leichter haben sie die unglückselige Folge, daß sie einen zur Phantasterei und ins Delirium bringen. Die Art und Weise, wie dieses zugehet, ist sehr leicht {65} zu begreifen. Entweder sind die vielen Empfindungen verschiedener Art, von denen man auf einmal überfallen wird, so ungestüm, daß sie die ganze Aufmercksamkeit auf sich reissen, und alsdenn wird man nichts anders zu empfinden vermeinen, als beständig diese Sachen. Diese verhindern einen solchen Krancken dasienige zu sehen und zu empfinden, was ietzt um und neben ihm ist, dennoch aber nicht mit zu denenienigen Sachen gehört, die ihn beunruhigen. Blos nach diesen Vorstellungen richtet er seine Handlungen ein, und daher ist es nicht anders möglich; sie müssen widersinnisch herauskommen. In so ferne aber auch diese Sachen die Aufmercksamkeit so stark an sich ziehen, daß man schwächere Empfindungen und Einbildungen, weil sie in der Seele allzu dunkel sind, gar nicht mercket, und also blos diese regierenden Vorstellungen statt aller andern hat; so verwechselt man sie mit ienen, und so entsteht Phantasterei und Unsinn. Oder aber man stellet sich auch nur sehr viel und grosse geschehene Begebenheiten sehr klar vor, wenn es solche sind, die die Aufmercksamkeit ungemein reizzen, und verdunckelt dadurch die schwächern Empfindungen und Einbildungen anderer Art dergestalt, daß man sie mit ienen verwechselt. Auf solche Weise lässet sich beurtheilen, warum die Phantasten und Deliranten immer mit sich selbst reden, und in ihrer {66} Verwirrung blos allein die Obiecte, so sie in dieses Unglück gestürzet, zu Gegenständen ihrer Gespräche machen.

Die Cur einer solchen Kranckheit erfodert die Hinwegräumung der Ursach, und also ist allen Phantasten und Deliranten, die auf vorige Art in ihr Übel gerathen sind, nicht anders zu helfen, als daß man sie von ihrer Zerstreuung befreie, d. i. daß man ihr Gemüth wieder sammle. Nun sammlet man aber das Gemüth eines Menschen, wenn man im Stande ist, seine Aufmercksamkeit wiederum nur auf eine Sache zu lenken, die sich in der Kranckheit über sehr viele Gegenstände ausgebreitet. Es frägt sich also durch welche Mittel man die Aufmercksamkeit eines Menschen auf ein gewisses Obiect lenken könne: zumal eines Menschen, der so sehr viele Vorstellungen anderer Art mit so grosser Aufmercksamkeit betrachtet. Wer die Natur der Seele versteht wird einsehen, daß es hierbei hauptsächlich auf die beiden Stücke ankomme, theils daß man die Aufmercksamkeit von so vielen Gegenständen ablencke, indem man die Regeln zu abstrahiren anwendet, theils daß man nach denen Regeln die Aufmercksamkeit zu erregen, dieselbe auf ein gewisses Obiect lencket, welches am geschicktesten ist, selbige an sich zu ziehen. Es ist also mit einem Menschen versuchet worden, der ein sehr curieuser Kopf in mechanischen Dingen war, und durch viel Unglücksfälle {67} in den Unsinn verfiel. Man befestigte im Boden seiner Stube einen großen kupfernen Kessel, der laut klang, wenn er berühret wurde. Oben drüber ließ man beständig einige Tropfen Wasser durch einen Hahn in den Kessel fallen, da es denn immer wie eine Glocke schallte. In diese Stube ward der

Patient gebracht und allein gelassen. Er hörte den Schall, nahte sich zum Kessel und fieng an, die Ursache dieses Schalles zu untersuchen, brachte sie auch heraus, und ward von Stund an genesen.

§. 38.[1]

Die Aesthetick lehret ferner die Regeln, wie man die Sinne verbessern soll. Die Sinne haben unter allen Erkenntniskräften den genauesten Zusammenhang mit dem Körper: man mus demnach bei Verbesserung derselben hauptsächlich darum bemüht seyn, daß der Körper seinen besten Stand, und die Gliedmassen der Sinne ihre vollkommenste Bewegung bekommen. Will man die Gläser, die Höhrröhre und dergleichen für psychologische Mittel halten, so hat man genug Beispiele von psychologischen Curen derer Krankheiten der Sinne. Allein vielleicht machen die Aerzte Anspruch darauf, und wir sind nicht arm an andern Exempeln. Es ist eine asthetische Regel, um eine bestimmte Empfindung hervorzubringen, alle Vorstellungen und besonders {68} alle Empfindungen andrer Art zu verdunckeln. Mir ist ein Exempel bekandt, da diese Regel glücklich kan ausgeübet werden. Man weis, daß in der Betäubung selbst die Empfindlichkeit verloren gehet. Ein Mensch, welcher sich in Gefahr seines Lebens befindet, fühlt es nicht, wenn er einen Hieb bekommt, und man hat mir vor gewis gesagt, daß eine Person, die sich in Feuersnot befand, in der Betäubung eine glühende Platte unter dem Arm fortgetragen, ohne es

---

1 Im Original fehlt ein § 37, dafür gibt es den § 38 zweimal. Also ist dies eigentlich § 37.

selbst zu wissen, daß ihr der Arm und die Brust heftig verbrandt waren. In diesen und dergleichen Fällen beobachte man die vorige Regel, man unterdrücke die Menge anderer Empfindungen, so wird dieienige Empfindung gleich merklich werden, die man erregen will. Hätte man im vorigen Fall diese Regel anbringen können; so würde die Person den schädlichen Brand gefühlet haben. Die Schmerzen sind unsre gemeinsten Uebel von Seiten der Empfindungen. Da die Aesthetick Regeln an die Hand giebt, wie man alzustarcke Empfindungen unterdrücken solle, so wird ein ieder leicht versichert seyn können, daß man dieselben bei dem Schmerz mit vielem Nuzzen werde anbringen können. Die Arzneiverständigen beobachten hier auch sogar selbst diese Regel, ohne daß sie selbige recht einsehen. Denn wenn wir, wie wir sagen, eine Revulsion machen, so folgen wir blos der {69} ästhetischen Regel: Man errege mehrere Empfindungen anderer Art. Welcher Arzneigelehrte denckt wol, wenn er Frictionen verordnet, daß er diese Cur der Ästhetick schuldig sei. Diese einzige Regel brauchen wir bei Verminderung des Schmerzens am meisten. Ein Arzneiverständiger, der zugleich in der Ästhetick bewandert ist, wird noch gleich vielerlei andre Regeln wissen, die eben dieselbe Würckung zu thun vermögen.

§. 38.

Die Aesthetick gibt uns auch Anweisung, wie wir die Einbildungen erregen und unterdrucken sollen. Viele tausend schädliche Zufälle bei den Kranckheiten der

Seele und des Körpers können durch Beobachtung dieser Regeln gehoben werden. Ich will nur der Milzsüchtigen und der schwangern Weiber hier Erwähnung thun. Wenn man diesen ihre Einbildungen nicht benehmen kann, wenn man nicht im Stande ist, ihnen richtige Einbildungen beizubringen, so kan man kaum als ein Arzt bei ihnen gebraucht werden. Können unordentliche und ausschweifende Einbildungen Misgeburten hervorbringen, so kan man leicht urtheilen, daß das Gegentheil erfolgen werde, wenn man geschickt genug ist, die Einbildungskraft in ihren Schrancken zu erhalten. Wie viele vortrefliche Regeln mus doch ein Arzt entbehren, wenn er die {70} Aesthetick nicht gelernt hat. Kein Pulver, keine Pillen können Misgeburten verhüten, aber die Aesthetick zeigt uns, wie man sie verhüten könne. Ich mus die Geistlichen nicht vergessen. Man hat mir erzählt, daß ein Prediger zu einem Milzsüchtigen gerufen worden, welcher sich eingebildet, daß er Teufel sähe, wenn er was schwarzes erblickt hat. Jedermann hätte vorhersehen können, daß der Prediger nichts ausrichten würde, wenn er sich nicht anders ankleidete. Denn man braucht hiezu die Einbildungskraft nur ein wenig besser, als dieser Geistliche zu kennen. Doch dieser Mann gläubte, es gehöre zu seinem Wesen, den Priesterrock zu haben. Er kam, und konnte weiter nichts bei dem Patienten fruchten, als daß selbiger unaufhörlich schrie, man solte ihn von diesem ungeheuren Teufel befreien. So viel ist daran gelegen, daß ein Geistlicher mehr lernet, als seine Theologie, und ein Arzt mehr, als die specielle Therapie.

§. 39.

Die Aesthetick lehrt die Regeln, wie man den Wiz verbessern soll. Diese Regeln kan man bei allen Kranckheiten der Seele wieder anbringen, welche von einem falschen Wizze ihren Ursprung nehmen. Derienige hypochondrische Mensch, welcher sich einbildete von Zucker zu seyn, und deshalb nichts feuchtes wolte an sich kommen lassen, müste durch {71} die Anwendung dieser Regeln nothwendig von seinem falschen wizzigen Gedancken befreiet werden können. Ein Arzneiverständiger, welchem unbekandt ist, wie er einen falschen Wiz bessern solle, kan bei einem solchen Patienten unmöglich gebraucht werden. Hingegen wem die Kunst, wizzige Gedancken bei iemand hervorzubringen oder zu unterdrücken, bekandt ist, der kan sich derselben in unzähligen Fällen mit Nuzzen bedienen. Viele Leute würden geschwinde genesen, wenn sie glaubten, daß eine Kranckheit mit einer andern einerlei wäre, die ein Bekandter von ihnen gehabt hat, welcher bald davon gekommen ist. Ein Arzt, der das Geschick hat, seinen Patienten unvermerckt auf diese Gedancken zu bringen, curirt psychologisch und öfters vollkommen glücklich. Andrer Fälle zu geschweigen, da es mir unmöglich ist, hier dieselben alle zu berühren.

§. 40.

Die Aesthetick lehret ferner, wie man die Scharfsinnigkeit verbessern soll. Wenn es eine Kranckheit der Seele ist, ein stumpfer Kopf zu seyn, so lehrt die Aesthetick, diese Kranckheit psychologisch zu curiren. Aber auch in anderen Kranckheiten kan man sich derer ästhetischen Regeln, die Scharfsinnigkeit zu verbessern, mit grossen Nuzzen bedienen. Folgende Erfahrung kan zum Beispiele dienen: {72} Ein gewisser junger Mensch ward in ein Frauenzimmer sterblich verliebt, weil er glaubte, daß sie ihm völlig ähnlich sähe. Seine Leidenschaft versetzte ihn in eine Art der Schwermuth, welcher bald eine schlimme Kranckheit folgete. Welche Arzneimittel hätten hier helfen können? Er war psychologisch curiret, und zwar so, wie ich iezzo erzählen will. Er hatte sich mahlen lassen, und war überzeugt, daß er wol getroffen sey. Man beredet ihn, das Bild in so weit ändern zu lassen, daß der Aufpuz und die Kleidung ein Frauenzimmer vorstelleten, das Gesicht aber unverändert bliebe. Das Bild war fertig, und man fragte alle, die den Krancken besuchten, ob sie nicht erkennten, wer das Urbild sey? Es war allen verbothen, dieses Frauenzimmer zu nennen, ia sie behaupteten so gar, als man es ihnen sagte, daß sie es seyn sollte, es wäre wenig Aehnlichkeiten vorhanden. Dieser einzige Streich heilete nach und nach die Wunden des Herzens. Gleichwohl hatte man weiter nichts gethan als den Patienten durch einen so allgemeinen Wiederspruch seiner Meinung, der ihm nicht verdächtig schien, genugsame Triebe beigebracht, seine Scharfsinnigkeit anzustrengen, welche er ohne dem in einem ziemlichen Grade besaß, so daß es ihm unmöglich schwer fallen konte, selbst einige Verschiedenheiten gewahr zu werden, woran seine Freunde selbst {73} nicht einmal gedacht hatten. Hätte man nicht gewust, seine Scharfsinnigkeit durch diese Mittel würcksam zu machen, so würde er, der sich in seiner Meinung für glücklich hielt, diese Untersuchung unterlassen, und unglücklich verliebt geblieben seyn.

§. 41.

Die Aesthetick lehret auch das Gedächtnis verbessern. Die Kranckheiten des Gedächtnisses sind nicht ungemein, und iedermann weiß, was für Schaden mit denen Gedächtnisstärckenden Arzneimitteln angerichtet wird. Ein Arzt, der die Aesthetik weiß, curirt alle Kranckheiten desselben gewis am glücklichsten, wenn er sich derer vorgeschriebenen Regeln gehörig bedienet. Hierzu kommen noch unzälige andere Vortheile in der Cur derer Kranckheiten, die man erhalten kan, wenn man weis, Vorstellungen in der Seele wieder aufzuwecken, oder andre in die Dunckelheit zu begraben. Ich will der Kürze halber nur von dem Nuzzen, die Vergessenheit zu befördern, ein Exempel geben. Ein Vater stürzt sich wegen des Todes seines Kindes in die äußerste Schwermuth und Traurigkeit, und steht in Gefahr, ihm in die Ewigkeit zu folgen. Die Pillen machen hier nichts aus. Der Schlendrian der Geistlichen ist kein sattsam kräftiges Gegenmittel, denn die meisten Väter wissen ohnedem schon die Sprüche der {74} Auferstehung der Todten. Man lasse aber einen Aestheticus seine Kunst probiren. Dieser weis viel zu wol, daß es ungereimt ist, das Gemüth des Vaters wieder munter zu

machen, so lange das Schreckenbild noch in seiner Seele herrschet. Tausend listige Kunstgriffe wird er anwenden, um es dahin zu bringen, daß der ganze Gedancke
des Vaters von seinem Kinde und dessen Tode in seiner
Seele ausgelöschet werde. Durch die Erhaltung dieses
Zwecks wird auch die Genesung erhalten.

§. 42.

Die Aesthetik lehret, wie man die Dichtungskraft verbessern solle. Durch die Beobachtung und Anwendung
von Regeln kan man die chimärischen Köpfe zu rechte
sezzen, und allerhand Arten von Narren curiren. Wer
eine ausschweifende Einbildungskraft hat, hat auch ge-
wöhnlicher massen einen chimärischen Kopf und umgekehrt. So nuzbar also die Regeln der Einbildungskraft
sind §. 38. so nuzbar sind auch dieienigen, welche die
Dichtungskraft verbessern. Die Phantasten und Deliranten verwechseln Einbildungen und Erdichtungen
mit Empfindungen. Man hilft ihnen also, theils indem
man ihre Einbildungs- und Erdichtungkraft verbessert,
theils indem man ihre Scharfsinnigkeit erreget, {75}
damit sie auf die Unterschiede derer Einbildungen und
Empfindungen Acht haben. Dieses ist ein neuer Nuzzen, derer asthetischen Regeln, die Scharfsinnigkeit zu
verbessern, denn ohne dieselben kan in der That kein
Phantast wieder hergestellet werden. Weil die Erdichtungen nur Arten der Einbildungen sind, so brauche ich
hier keine Exempel anzuführen, da ich es schon bei der
Einbildungskraft gethan habe §. 38.

§. 43.

Die Ästhetick lehrt auch den Geschmack verbessern. Wenn ein verdorbener Geschmack unter die Kranckheiten der Seele gerechnet zu werden verdienet, so kan man durch die ästhetischen Regeln den Geschmack verbessern, dieselbe psychologisch curiren lernen. Doch haben dieselben auch noch in andern Fällen ihren Nuzzen. Ich will nur den vornehmsten hier anführen. Durch den Geschmack erkennen wir die Vollkommenheiten und Unvollkommenheiten, das Gute und Böse derer Dinge sinnlich, und es ist einem ieden Seelenverständigen bekandt, daß in dieser Erkenntnis allemal Triebfedern enthalten sind, die das Gemüth in Bewegung zu sezzen vermögen. Wer also nicht weis, wie er iemanden geschickt machen soll, das Gute und Böse an Dingen leichte sinnlich zu erkennen, der wird auch {76} nicht imstande seyn, sein Gemüth auf eine leichte Art in Bewegung zu bringen. Niemand, wer nur ein wenig mit den Zufällen der Seele bekandt ist, kan so unerfahren seyn, daß er nicht wissen sollte, wie nothwendig es bei tausenderlei Arten von Kranckheiten, besonders aber bei Gemüthskranckheiten ist, das Gemüth in Bewegung zu sezzen. Eben so nothwendig ist es aber auch, in allen diesen Fällen sich derer ästhetischen Regeln des Geschmacks zu bedienen. Bei einem melancholischen Patienten mus man z. E. angenehme Gemüthsbewegungen hervorzubringen suchen. Ein solcher Mensch ist wie unsre Väter, die immer über das Verderben der neuern Zeiten klagen. Seine Gemüthsart lässet es ihm nicht anders zu, er mus sich alle Dinge von der schlimmsten Seite vorstellen. Ist es nicht nothwendig, um angenehme Gemüthsbewegungen in ihm zu erregen, daß man seinen Geschmack vorerst verbessere, und ihn gewöhne sich auch die schönen Seiten derer Dinge vorzustellen. Blos diese Vorstellungen sind ja die einzigen Triebfedern der angenehmen Leidenschaften. Doch dieses ist noch nicht alles. Der Nuzzen derer Regeln den Geschmack zu verbessern erstreckt sich auch auf dieienigen Menschen, welche vor manchen Dingen einen natürlichen Abscheu haben. Man bilde nur ihren Geschmack anders, man zeige ihnen Vollkommenheiten von der Sache, die {77} sie so verabscheuen, und lasse sie ihnen sinnlich und anschauend erkennen, so wird sich der Abscheu gar bald verdichten. Der unordentliche Appetit schwangerer Frauen wird nach eben denen Regeln verhindert werden müssen, nach welchen man einen verdorbenen Geschmack bessert. Doch ich würde kein Ende finden, wenn ich alle Exempel die hieher gehören anführen wolte.

§. 44.

Die Aesthetik lehret, wie man Vorhersehungen und Vermuthungen hervorbringen und verhindern könne. Diese Regeln müssen ebenfalls beobachtet werden, wenn man das Gemüth in Bewegung sezzen will, und sind also mit denen vorhergehenden in diesem Stücke von gleicher Wichtigkeit. Wenn ein Arzt dieser Regeln mächtig ist, so wird er nach Belieben eine Vorhersehung der Genesung bei seinen Patienten hervorbringen, oder eine Vermuthung des Sterbens unterdrücken, und wer weis nicht, wie viel darauf ankommt, denen Krancken ein solches Vertrauen beizubringen. Die Aerzte klagen oft darüber, daß ihre Patienten zu ihnen, zu ihren Arzneien, ia zu ihrer eigenen Genesung kein genugsames Vertrauen hätten. Sie sollten bedenken, daß sie sich mit solchen Klagen blos geben, denn wenn sie aesthetische Köpfe wären {78} so würde es allemal in ihrer Gewalt stehen, ein solches Vertrauen zu erwecken. Ich mus hier einer andern Betrachtung nicht uneingedenck seyn. Manche Leute halten viel auf Ahndungen und Träume. Ein glücklicher Traum würckt bei manchen Patienten die Gesundheit weit eher, als die beste Arzeneien. Wer eine Fertigkeit in der Ästhetick hat, wird öfters imstande seyn, manche Ahndungen und Träume bei seinen Patienten hervorzubringen, andere zu verhindern, und sich dadurch tausenderlei Vortheile in der Cur zu verschaffen. Denn alle Ahndungen sind Vermuthungen, und alle Träume sind entweder Einbildungen oder Vorhersagen. Man nehme also die Aesthetischen Regeln derer Vermuthungen, Vorhersehungen und Einbildungen zusammen, so wird man in Hervorbringung und Unterdrückung verschiedener Träume und Ahndungen öfters glücklich seyn können. Einige Kranckheiten des Gemüths haben ihren Sizz selbst in dem Vorhersehungsvermögen, wie z. E. das Heimweh, andere in dem Vermögen zu vermuthen, wie z. E. der Schwermuth, welche aus den Vermuthungen bevorstehender Unglücksfälle, oder des nahen Todes ihren Ursprung nimmt. Es versteht sich von selbst, daß diese Kranckheiten nicht psychologisch curiret werden können, ohne die Regeln beider Erkenntnisvermögen zu

{79} wissen, und iedermann ist bekanndt, wie wenig die Arzneimittel dabei helfen.

§. 45.

Die Aesthetick lehret endlich auch das Bezeichnungs-vermögen zu verbessern. Viele Gemüthskranckheiten nehmen aus dem unrechten Gebrauche dieses Vermögens ihren Ursprung. Ich will ein beweisendes Beispiel hier anführen. Ein junger Mensch bekam einen Husten mit Auswurf. Seiner Meinung nach war dieser ein Zeichen von Schwindsucht. Er schloß daraus seinen nahen Tod und betrübte sich darüber so heftig, daß er melancholisch wurde. Wie konte man diesem Menschen anders helfen, als daß man ihn unterrichtete, der Husten sei kein Vorbedeutungszeichen der Schwindsucht, als nur in gewissen Fällen, die bei ihm nicht zutrafen. Man muste ihn belehren, wie vorsichtig er dieses Zeichen anwenden müsse, und kurz man muste an ihm die ästhetischen Regeln des Bezeichnungsvermögen ausüben. In der Pest schließt man aus den geringsten Veränderungen, die man an den Körper bemerkt, daß man angesteckt sey. Die hieraus entstehende Furcht verursachet gemeiniglich, daß man die Pest würcklich bekommt, wie solches genugsame Erfahrungen bezeigen. Kan nun ein Arzneiverständiger denienigen, die ihn {80} fragen, wie sie der Pest bei sich vorbeugen sollen, Unterricht geben, wie sie ihr Bezeichnungsvermögen dabei zugebrauchen haben; so hat er die gewöhnlichste Ursach im voraus weggenommen. Nie wird er dieses thun können, wenn er nicht ein Aesthetikus ist.

§. 46.

Aus dem, was ich bisher gesagt habe, wird man die Art und Weise leicht einsehen können, wie man im Stande sey, die ästhetischen Regeln bei Krancken anzuwenden, und mit Nuzzen zu gebrauchen. Ich könnte statt so weniger Beispiele in jedem §ze viele andere angeführet haben, wenn ich hätte weitläuffig sein wollen. Allein es kann genug sein, daß ich die Spur gezeiget, wie man sich dieser Regeln zu Nuzzen machen könne, und meine Absicht erstreckt sich nicht weiter. Ich wende mich nunmehro zu den Regeln, die den Verstand bessern lehren, und welche uns in der Logick vorgetragen werden. Wollte man dem Vorurtheile derer meisten folgen, so müste man denken, daß diese Regeln bei denen Krankenbetten gar nicht zu gebrauchen wären. Ich hoffe es aber durch folgende Betrachtungen genugsam darzuthun.

§. 47

Die Hervorbringung einer deutlichen Erkenntnis ist bei manchen Krancken von einer {81} unentbehrlichen Nothwendigkeit. Blos darum weil wir uns manche Dinge nur sinnlich, dunckel und verworren vorstellen, müssen wir unzälig viele Uebel vertragen, die mit der Hervorbringung einer deutlichen Erkenntnis sogleich verschwinden. Unter so vielen Beispielen, die ich hier anführen könte, mögen folgende genug seyn. Manche Leute haben einen unmäßigen Appetit nach Marzipan. Viele vornehme Kinder essen sich daran zu schande, und viele Schönen verderben sich damit. Man führe diese Leute hin zu einem Zuckerbecker, man lasse ihnen zusehen, wenn diese Sachen verfertiget werden. Man lasse ihnen alles einzeln kosten, was zur Masse hinzugetan wird, so entwickelt sich nach und nach der verworrene Begrif des schönen Geschmacks, sie erhalten eine deutliche Erkenntnis, und der unmäßige Appetit leget sich also bald. Die meisten Kranckheiten, welche man von der Idiosyncrasie herleitet, können blos durch die Hervorbringung deutlicher Begriffe gehoben werden. Ein gewisser Mensch bekam allemal eine Art von Convulsionen, wenn er eine Spinne nahe sich sahe. Der blos sinnliche Begriff, den er sich von der Häßlichkeit diese Thieres machte, war Schuld daran. Folgender massen ward ihm geholfen: Er hatte noch nie eine Spinne nahe betrachtet. Man brachte ihm einige Füsse einer Spinne, mit seiner Genehmhaltung nahe bei. Er sahe sie ohne {82} Entsezzen. Man lies sie ihn durch das Vergrösserungsglas betrachten, und er fand daran nichts häslichers, als an denen Füssen derer meister andern Insecten. Bald darauf konte er sich überwinden, sie in die Hände zu nehmen. Alsdann brachte man ihm eine trockene Haut von einem Rumpfe der Spinne. Auch diese lies man ihn auf das genaueste betrachten, und er konnte sich bald überwinden, auch diese anzugreifen. Hierauf war ihm ein ganzer Rumpf, doch ohne Füsse vorgeleget, den er nach und nach auch ertrug. Die Gestalt der ganzen Spinne war ihm nur ein Scheusal. Man gab ihm also hernach die Füsse der Spinne einzeln, und ließ sie ihm selbst nach und nach an den Rumpf dichte anlegen, bis die Gestalt der Spinne fertig war. Nach weniger Überwindung konte er sie berühren, und nachdem diese Übungen binnen einigen Tagen zu Ende gebracht waren, so konte er kleine lebendige Spinnen, und mit der Zeit auch grössere auf der Hand leiden, ohne seinen Anfal zu bekommen. Wer siehet nicht, daß diese ganze Cur blos darauf beruhet hat, daß man demselbigen Menschen nach und nach einen deutlichen Begrif von der Gestalt der Spinne beigebracht.

§. 48

In einer gründlichen Logick findet man die Regeln, wie man deutliche Begriffe hervor-{83}-bringen, und andere, wie man sie wieder verdunckeln kan. Es giebt einige besondere Gemüthskranckheiten, die blos nach diesen Regeln gehoben werden können. Die Einfalt, im bösen Verstande, wenn man in einem Alter, da die meisten andern Menschen schon den völligen Gebrauch ihres Verstandes haben, denselben noch nicht in gehörigen Grade besizzet, diese Kranckheit des Gemüths sage ich, wird blos dadurch gehoben, daß man einen solchen Menschen gewöhnt, durch seinen Verstand viele und sehr deutliche Vorstellungen hervorzubringen. Wie würde es möglich seyn, dieses zu bewerckstelligen, wenn man den Verstand eines solchen Menschen nicht mit denen logischen Regeln, deutliche Begriffe zu machen, üben wolte. Ein Aberwizziger (MENTE CAPTUS), welcher in einem Alter, da der Gebrauch des Verstandes sonst ganz merklich ist, denselben noch nicht in einem merklichen Grade besizzet, kan ebenfalls blos durch die Übungen nach denen logicalischen Regeln curiret werden. Doch man kan dieselben auch bei anderen Kranckheiten öfters mit Nuzzen anwenden. Ich habe schon in vorigen §. gezeiget, daß manche Kranckheiten durch Hervorbringung deutlicher Vorstellungen gehoben werden können. Ich will hier nur einen Fall zeigen, wo man die Regeln, wornach die Begriffe sich verschlimmern, gebrauchen {84} kan. Es ist öfters viel daran gelegen, eine Sache nur blos sinnlich sich vorzustellen. Eine Schönheit verschwindet, so bald sie nur deutlich erkanndt wird. Gleichwol ist die Empfindung des Schönen eine Triebfeder, welche uns zu verschiedenen Verrichtungen auf die angenehmste Weise zwinget, die wir sonst wol nicht über uns nehmen würden. Wenn ich also den Fall sezze, daß jemand durch allzu deutliche Vorstellungen in den Grund der Seele hinuntersencken kan, am allergeschicktesten sein würden, diese Nachläßigkeit zu heben. Ich habe mir erzählen lassen, daß ein sehr fleißiger Zergliederer durch dergleichen logische Kunstgriffe nur allein hat können vermocht werden, zu heirathen.

§. 49

Die Logick lehret nicht nur überhaupt den Gebrauch des Verstandes, sondern auch insbesondere den richtigen Gebrauch der Vernunft. Wenn man eine verdorbene Vernunft unter die Kranckheiten der Seele rechnen mus; so ist nichts nothwendiger, um sie curiren zu lernen, als daß man die logischen Regeln, die Vernunft zu verbessern, ausübe. Allein dieses ist noch {85} nicht der gröste Vortheil, den man von der Erkenntnis dieser Regeln erwarten kan. Auf einem falschen Schlusse, beruhen falsche Vorurtheile, und Irrtümer. Auf diesen beruhen falsche Maximen und also auch unrechtmäßige Handlungen. Hier öfnet sich eine Aussicht zu unendlich vielen Schädlichkeiten so wol für die Seele, als für den Körper. Ein Mensch, der eine verdorbene Vernunft hat, darf nur einmal auf die Untersuchung seiner Lebensart gerathen, in so fern sie der Gesundheit zuträglich oder schädlich ist, so wird er sich mancherlei tolle Maximen in den Kopf sezzen, die ihn so vielen Arten schädlicher Zufälle aussetzen. Man kan alle diese Übel in ihrer Geburt ersticken, wenn man sich derer Regeln geschickt zu bedienen weis, ihm eine richtige Art zu schliessen anzugewöhnen. Es ist demnach nichts gewisser, als daß die Logick einem Arzneigelehrten auch so gar in der Praxi nüzzlich sein könne, und daß er aus denen so trocken scheinenden Regeln einen Nuzzen ziehen könne, welcher sich bis zum Kranckenbette erstrecket. Ich verstehe aber eine Logick, die nicht blos aus einer Menge dunckler scholastischer Wörter und Distinctionen bestehet; sondern daß dieienige leistet, was man von dieser Wissenschaft mit Recht erwarten kan. Es wäre zu wünschen, daß wir schon eine volständige Vernunftlehre dieser Art aufweisen könnten, worinn die Re-{86}-geln, den Verstand und die besonderen Arten desselben zu verbessern eben so ausführlich und gründlich vorgetragen würden, als die beiden berühmten Weltweisen, Herr Baumgarten und Herr Meier in der Aesthetick gethan haben.

§. 50.

Die philosophische Pathologie ist zwar nur die
Wissenschaft derer Gemüthsbewegungen und also
nur gewisser Arten sinnlicher Begierden oder Verabscheuungen, allein dem ohnerachtet kan man aus
derselben, so wie sie zu unsern Zeiten abgehandelt
wird, wenn man die Aesthetick damit verbindet, und in
der Seelenlehre nur kein Fremdling ist, die Natur aller
untern Begehrungskräfte hinreichend erkennen lernen.
Der Ästhetische Theil der philosophischen Pathologie
giebt die Regeln an die Hand, wie man Gemüthsbewegungen erregen und vermehren, hindern und unterdrücken soll. Dieser Theil der Pathologie ist es, den man insbesondere lernen mus, wenn man diese Wissenschaft
bei denen Kranckheiten wieder anbringen will. Ohnerachtet ich selbst nicht glaube, daß die Leidenschaften weder der Seele noch des Körpers, Kranckheiten
zu nennen sind, so ist doch so viel gewis, daß durch
dieselben in beiden Theilen des Menschen unzälige
Kranckheiten hervorgebracht werden. Zorn, Schreck,
Traurig-{87}-keit u.s.w. sind oftmals die Quellen derer wichtigsten Kranckheiten. Die Melancholie nebst
der Tollheit oder Raserei (FUROR) sind Gemüthskranckheiten, deren eine von der übermäßigen Traurigkeit,
die andere aber insbesondere vom anhaltenden übermäßigen Zorne bei Aberwizzigen entstehet. Alle diese
Kranckheiten, welche durch die Gemüthsbewegungen
hervorgebracht werden, müssen nothwendig nach den
Regeln des ästhetischen Theils der philosophischen
Pathologie gehindert, und wenn sie schon vorhanden

sind, gehoben werden. Wer also diese Regeln nicht in seiner Gewalt hat, wird eine ungemeine Anzahl Kranckheiten nicht zu heben oder zu verhindern im Stande seyn, die doch gar wol gehindert und gehoben werden können. Welcher Arzneigelehrter darf sich aber diesen Vorwurf mit Recht machen lassen, ohne Gefahr zu laufen, an seiner Ehre Abbruch zu leiden? Ich will hier keine besondern Exempel anführen. Ich weis unter der großen Menge nicht zu wählen, und es müste einer den Namen eines Arzneiverständigen nicht verdienen, der nicht einige Kranckheiten wissen solte, die aus denen Leidenschaften entstehen und wobei die Arzneimittel wenig oder gar nichts verfangen.

§. 51.

Indessen ist es nicht der einzige Vortheil, den wir der philosophischen Pathologie zu {88} verdancken haben, daß wir dadurch geschickt gemacht werden, dieienigen Kranckheiten zu curiren, welche von den Gemüthsbewegungen ihren Ursprung nehmen. Es werden wenig Kranckheiten seyn, dabei nicht ein Arzt in Absicht derer Gemüthsbewegungen des Patienten gewisse Regeln vorzuschreiben hätte. In denen meisten Kranckheiten hat man dahin zu sehen, das Gemüth des Krancken in der Ruhe zu erhalten, bei einigen andern aber ist es nöthig, gewisse Gemüthsbewegungen hervorzubringen. So muß man zur Zeit der Pest das Vertrauen auf Gott, und eine Zufriedenheit und Munterkeit des Gemüths besonders zu erregen, zu erhalten und zu vermehren suchen. Im Tarantismus ist es nothwendig, das

Gemüth des Patienten in den Affect der Fröhlichkeit zu versezzen, und dergleichen ähnliche Fälle gibt es genug. Demnach sind die pathologischen Regeln fast in ieder, ia gewis in allen wichtigern Kranckheiten nicht nur nüzzlich, sondern auch zu wissen nothwendig. Ich weis nicht, was die meisten Arzneigelehrten dabei gedencken, wenn sie in der Therapie bei ieder Hauptkranckheit die Regel lesen: Man erhalte das Gemüth des Patienten ruhig, oder: man errege ein Vertrauen, eine Fröhlichkeit u.s.w. Die wenigsten lassen es sich einfallen, daß zur Ausübung dieser Regeln wieder andere erfordert werden, welche lehren, wie man es angrei-{89}-fen müsse, um diesen Pflichten ein Genügen zu thun, und daß man sich bekümmern müsse, dieselben zu erfahren.. Es ist in der That keine Schwürigkeit dabei, noch eine besondere Geschicklichkeit nöthig, dem Patienten zu sagen, daß er sein Gemüth ruhig halten, daß er Gedult haben, daß er munteres Gemüthes sein müsse u.s.f. Nein. Ein Arzt mus im Stande seyn, durch Zureden, durch Anordnungen, wegen des Verhaltens derer, so um den Patienten herum sind, und kurz durch Beobachtung aller Regeln, die die Ästhetische Pathologie vorschreibet, diese Gemüthsverfassung bei dem Patienten selbst zu würcken: und wenigstens solte der Prediger dieses thun, an statt daß er blos dieienigen Sprüche herbetet, welche zur Gedult ermahnen. Die ganze ästhetische Pathologie ist voll von den vortreflichsten Regeln, die ein Arzt und Prediger von Rechtswegen ebenso fertig wissen solte, als die Recepte und die Glaubensformeln.

§. 52.

Jede besondere Leidenschaft kan eine besondere Art Kranckheiten bewürken und erfordert einige besondere Regeln, sie zu erregen und sie zu dämpfen. Ich müste eine gar zu grosse Ausschweifung begehen, wenn ich hier von einer ieden Leidenschaft insbesondere zeigen wolte, was ungefehr für Kranckheiten daraus entstehen, und nach welchen Regeln man {90} dieselben müsse curiren lernen. Ein wenig Aufmercksamkeit auf die allergemeinsten Zufälle im menschlichen Leben kan uns das erstere und der specielle Theil der Pathologie das letztere lehren. Aus der Liebe entspringen eigene Kranckheiten. Ein Verliebter wird nicht toll (FURIOSUS) aber wohl unsinnig (DELIRIUS) und phantastisch. Ein Betrübter wird melancholisch, ein Zorniger, rasend u.s.w. Weis man nun nicht die Folge dieser Kranckheiten aus ihren Leidenschaften zu hindern, so kan man ihnen weder vorbeugen noch abhelfen. Wie nöthig ist es also nicht, auch die besondere Natur einer ieden Leidenschaft genau kennen zu lernen. Und wie sehr haben also die Arzneigelehrten nicht um ihres eigenen Nuzzens willen zu wünschen, daß es dem gelehrten Herrn Professor Meier bald gefallen möchte, den speciellen Theil seiner vortrefflichen Lehre von denen Gemüthsbewegungen herauszugeben.

§. 53.

Ich komme nunmehro zu denen moralischen Wissenschaften, welche die Pflichten des Willens in sich enthalten. So unfruchtbar alle diese Wissenschaften in Absicht ihrer Anwendung bei Krancken anfangs wohl scheinen möchten, so ist doch nichts gewisser, als daß man auch vorzügliche Nuzzen dadurch erhalten könne. Die schändlichsten Kranck-{91}-heiten sind Würckungen der schwärzesten Laster, und ihnen vorzubeugen, ist in denen mehresten Fällen nichts anders, als den Willen bessern. Was ist die Verderbnis des Willens wol anders, als eine psychologische Kranckheit, und was heist einen Menschen bekehren, einen Lasterhaften tugendhaft machen, anders, als seinen Willen durch eine psychologische Cur bessern. Ich sehe einen Jahrgang guter Predigten für eine Therapie an, darin die vornehmsten Kranckheiten des Willens entdeckt, und die Methoden, sie zu curiren dazu gesetzt sind. Hierzu kommt, daß ein Arzt, der seinem Krancken mit Trost und Rath beistehen soll, die Erkenntnis der christlichen und der Tugendpflichten überhaupt unentbehrlich nötig hat, es mag nun sein Patient tugendhaft oder lasterhaft, ein Christ, oder ein Freigeist seyn, und er mag eine Leibes- oder Gemüthskranckheit haben. Eine vernünftig angebrachte Erinnerung derer Pflichten, welche ein Krancker in seinem Zustande zu beobachten hat, hat öfters die allervortrefflichsten Würckungen. Man sage ja nicht, daß diese Verrichtung keinem Arzte, sondern dem Prediger zukommt. Man verräth mit einer solchen Entscheidung allemal ein schlechtes Herz. Die Tugend auszubreiten, das Laster zu unterdrücken, die Gottlosigkeit auszurotten, und das Christentum zu befördern, sind keine Pflichten, die nur ein Predi-{92}-ger auszuüben hat. Jedermann ist dazu verbunden, und der Arzt um desto mehr, da er bei einem Krancken mehrentheils die beste Stunde zu einer löblichen Besserung oder zur Bestätigung im guten trift: denn die wenigsten Menschen stehen eine Kranckheit aus, ohne dabei in sich selbst zu gehen, und ihren Seelenzustand zu untersuchen. Könte man aber wohl eine gelegenere Zeit finden, als diese, einen Menschen zur Beobachtung seiner Pflichten zu bringen? Diese Verbindlichkeit wird desto grösser, weil ein Arzt gewis versichert seyn kann, daß seine Cur nicht nach Wunsche gelingen könne, wenn nicht zugleich an die Cur der Seele gedacht wird; und endlich so ist die gewöhnliche Aufführung der meisten Prediger bei Krancken so nicht beschaffen, daß man allerdings damit zufrieden seyn könte; da denn ein Arzt desto mehr dahin sehen solte, die Fehler anderer zu ersezzen, zumal da öfters die Ermanungen eines Mannes, von dem man nur vermuthet Recepte zu sehen, und ihn von seinen Medikamenten reden zu hören, mehr Eindruck haben, als eines Predigers, dessen Worte man ohndem meist vorhersagen kan.

§. 54.

Dieses sind die Gedancken, die ich von denen psychologischen Curen meinen Lesern habe mittheilen wollen. Ich hoffe, zu Genüge dargethan zu haben, daß einem Arzte um {93} dieser Curen willen, die Erlernung der Weltweisheit, und besonders derienigen Theile derselben unentbehrlich sey, die man bisher einem Arzte fast für ganz unnüzze gehalten hat. Die Physick und Chemie werden von uns noch ziemlich in Ehren gehalten, aber die Aesthetick, die Logick, ausser dem einzigen Capitel vom disputiren, die philosophische Pathologie, und die practische Philosophie sind kaum der Mühe werth gehalten worden, sie nur einmal lesen zu hören. Man sage tausendmal, daß die allgemeinen Warheiten die ganze Seele in ein besseres Geschick bringen, daß man ohne dieselbe nicht gründlich genug in anderen Wissenschaften dencken könne und was dergleichen mehr ist: beweiset man einem Arzneigelehrten nach der gewöhnlichen Ausgabe nicht, daß man durch dieselben kan Patienten curiren lernen, so ist alles umsonst. Ich glaube dieses nunmehro gezeigt zu haben, und der Innbegriff aller derienigen Wissenschaften, die ich hier angepriesen, kan als eine Therapie für alle Seelenkranckheiten angesehen werden, davon man allemal eine mit zu curiren hat, wenn man eine wichtige Kranckheit des Körpers curiren will. Es ist wahr, daß schon tausendmal Kranckheiten des Körpers curiret worden sind, ohne daß man dabei an eine psychologische Cur nur gedacht hätte: allein dieses macht keinen Einwurf aus, der dasienige umstossen solte, was ich bisher gesagt {94} habe. Denn theils könnte man, wenn diese Art zu schliessen erlaubt wäre, ebenfals sagen: es sind schon tausend Kranckheiten ohne Gebrauch eines einzigen Arzneimittels gehoben worden, also kan man die ganze Arzneiwissenschaft entbehren; theils hat man auch zu bedencken, daß eine Kranckheit weit eher, weit sicherer und weit leichter gehoben werden könne, wenn man zugleich in der Cur die Seele mitbedenckt, als wenn man dieses nicht thut. Ich kan dieses gar leicht erweisen, wenn man nur auf die Erfahrung sehen wil: denn aus Gründen kan es ein ieder abnehmen, wer da weis, wie gros der Zusammenhang Leibes und der Seele sey. Die strengsten Mechanisten, diese Secte der Arzneigelehrten, welche von dem menschlichen Körper nicht anders philosophiert, als ein Uhrmacher von seiner Uhr, ich sage, diese Arzneigelehrte, so subtil sie auch immer ihre Theorie einrichten, müssen dennoch, wenn sie ans Kranckenbette kommen, entweder ihre Theorie fahren lassen, oder gestehen, daß sie in ihren Curen nicht so glücklich sind, als andere, die ihr Absehen mehr auf die Seele richten. Ich darf nur die Herren Stahlianer hier zum Beweise anführen. Man müste den Augenschein leugnen, wenn man nicht zugeben wolte, daß sie in ihrer Art zu curiren, vollkommen glücklich sind. Wie viele tausend Personen, die sich der Aufsicht des berühmten Herrn Professor {95} Junckers, meines um mich höchst verdienten Lehrers, hier in Halle anvertrauen, können hier lebendige Zeugen desienigen abgeben, was ich eben behauptet habe. Woher mag aber dieses wol sonst kommen, als weil die Herren Stahlianer am allermeisten mit auf die Seele sehen, wenn sie Kranckheiten des Körpers curiren sollen. Ich wil mich gar nicht in die Frage einlassen, ob die Stahlianische Theorie richtig sey, oder nicht; habe es auch hier keinesweges nöthig, indem nichts weiter zu erweisen ist, als daß dieienigen Curen besonders wol gerathen, wo man zugleich der Seele beispringet, indem man den Körper heilen wil. Ja damit aller Schein einer Partheilichkeit wegfalle; so wil ich nur noch folgendes anführen. Der grosse Beifal, womit die Schriften des vortrefflichen Herrn Professor Krügers, meines theuresten Gönners und Freundes, durchgängig aufgenommen werden, lässet mich mit Grunde schliessen, daß ihm eine grosse Menge Arzneigelehrte folgen und seine Meinungen annehmen. Dieser scharfsinnige Gelehrte hat weder denen Mechanisten noch denen Stahlianern völlig Beifal gegeben, sondern Er hat gezeiget, daß man zwar von dem menschlichen Körper mechanisch philosophiren, gleichwohl aber auch die Seele dabei beständig mit zu rathe ziehen müsse. Wir sehen es aus dessen Pathologie, wie schön sich eine solche Theorie auch bei denen Kranckheiten des {96} menschlichen Körpers anbringen lässet, und ich zweifle nicht, wenn es dem Herrn Professor gefallen wird, die Therapie herauszugeben, um denen Wünschen so vieler Arzneigelehrten genug zu thun, daß er ebenso sehr rathen wird, bei Kranckheiten des Körpers die Seele zugleich zu curiren zu suchen, als ob Er ein Stahlianer wäre, welches er doch gewis nicht ist. Ich kan noch derer philosophischen Betrachtungen des menschlichen Körpers überhaupt, alhier gedencken, welche mein unvergleichlicher Freund, der Herr Doktor Unzer kürzlich herausgegeben, und worin die allergenaueste Harmonie Leibes und der Seele gezeiget worden ist. Die genaue Freundschaft, welcher mich der gelehrte Herr Verfasser gewürdiget, hat mir Gelegenheit an die Hand gegeben, auch an Ihm zu erkennen, daß keine Meinung zu glücklichen Curen geschickter sey, als eben die, welche Er in dieser schönen Schrift vorgetragen. Ich kan also mit einer völligen Überzeugung der Billigkeit und Rechtmäßigkeit derer Forderungen, so ich in dieser Schrift an die Arzneigelehrten gethan habe, dieselbe beschliessen. Erhalte ich durch diese Bemühungen den Vortheil, daß sich künftig die Arzneigelehrten mehr auf die Philosophie, und die Geistlichen mehr auf die Theile derselben legen, die ich angepriesen habe; so werden mir tausend Krancke Danck dafür schuldig seyn, und ich werde um andern Beifal nicht betteln.

ENDE.

Der Ur-Sprung der Psychotherapie

Teil 2. Georg Ernst Stahl und Freunde

motus tonicus vitalis

Die Vita Stahls

Das wenige, was sich vorerst zur Person Georg Ernst Stahls finden läßt, hat die Medizinhistorikerin Johanna Geyer-Kordesch (2000) mit großer Mühe aus vielen Quellen zusammengetragen und veröffentlicht.[1] Ich kann mich hier auf ihre Vorarbeiten stützen. Vor Geyer-Kordesch hatten bereits Bernward Josef Gottlieb und Theodor Kirchhoff einige wenige Fakten ermittelt.[2]

Stahl ist 1659 in dem Residenzstädtchen des kleinen Fürstentums Ansbach geboren worden, als, wie es bei Kirchhoff heißt, «Sohn eines Beamten der protestantische Gemeinde». Der im Taufbuch ermittelte Geburtstag ist der 22. Oktober 1659. Andere (u. a. Wikipedia) haben aus dem Vater einen evangelischen Pastor gemacht.

Ansbach war früh zur Reformation übergegangen, doch gab es dort zur Zeit von Stahl auch eine katholische Kirche.

Der Vater, Johann Lorenz Stahl, trug den Titel «Fürstlich Hofrats-Sekretary», wie es merkwürdigerweise mit dieser scheinbar halbenglischen Endung heißt. Aber der Schreiber war wohl nicht so mit dem lateinischen Genitiv vertraut, denn gemeint ist Hofrats *secretarii*. Der Sohn des Geheimschreibers eines fürstlich-anhaltischen Hofrats war Stahl also. Taufzeuge war der anhaltisch-fürstliche Kammerrat Georg Nikolaus Mohr, also ein Finanzbeamter. Außerdem gehörte Stahls Vater dem Anhalt-Brandenburgischen Kirchenkonsistorium als Sekretär an. Das war damals ein aus Juristen gebildetes Verwaltungsgremium, das den Fürsten in kirchlichen Fragen beriet. Das Milieu seiner Kindheit war somit streng lutherisch. Dieser Kirche blieb er zeitlebens eng verhaftet.

Wichtig für seine ganze Einstellung zum Leben war wohl noch, dass Stahl elf Jahre nach dem Ende des dreißigjährigen Krieges geboren worden war, einer Zeit der Hoffnung und des Wiederaufbaus.

Über die Schulbildung wissen wir nur, dass er wohl das Gymnasium in Ansbach besucht hat. Ab seinem 20. Lebensjahr studierte Stahl Medizin in Jena, wo ihn Georg Wolfgang Wedel, ein Chemiatriker, anleitete.

Das nächste, was wir über ihn erfahren, ist schon eine 178 Seiten lange Monographie aus dem Jahre 1683 mit dem langen Titel *Georgii Ernesti Stahl Fragmentorum aetiologiae physiologico-chymicae ex Indagnatione Sensu-Rationali, seu conaminum ad concipiendam notitiam Mechanicam de rarefactione chymica prodromus de indagatione chymico physiologica.* Daraus soll man nach Gottlieb ersehen können, dass ihn bereits zu jener Zeit das Lebensgeheimnis des menschlichen Organismus beschäftigt habe. Das dürfte aber eine Verwechslung sein. Aus der Jenenser Zeit Stahls sind auch andere Dissertationen nachweisbar.[3, 4, 5]

Es gibt in den Studien Stahls eine dreijährige Unterbrechung, doch ist weder die genaue Zeit noch der Grund dafür bekannt. In diesen Jahren widmete er sich, wie es heißt, intensiv dem Studium der klassischen lateinischen Autoren und der Philosophie.

In Jena war Stahl Studiengenosse von Friedrich Hoffmann, der etwas später Professor an der neuen Universität Halle wurde und dafür sorgen konnte, dass Stahl ebenfalls an die Universität Halle gerufen wurde.

Wir erfahren weiter, dass Stahl sich alsbald nach seiner Promotion 1684 habilitiert habe. 1684-1687 lehrte er als Professor extraordinarius Medizin in Jena. Weil er sich als Hochschullehrer in kurzer Zeit einen großen Ruf erworben habe, sei er von 1687 an von Herzog Johann Ernst von Weimar als dessen Leibarzt nach Weimar berufen worden.

Es muss sich da um den Herzog Johann Ernst III. gehandelt haben, der zu dieser Zeit das kleine Herzogtum regierte. Ein Leibarzt mußte nicht nur den herzoglichen Leib von Krankheit frei halten, sondern durfte seine Kenntnisse auch anderen zur Verfügung stellen.

So arztete Stahl sieben Jahre lang erfolgreich in Weimar und entwickelte sein Denken dabei offenbar immer weiter. In einer Dissertation 1692 erscheint bereits im Titel die später so bekannte Formulierung *De Motu tonico vitali»[6]*, welche die Quintessenz seiner Lehre enthält, so sie im gegebenen Zusammenhang von Interesse ist. Bevor ich darauf näher eingehe, soll zunächst Stahls Leben weiter erzählt werden.

1694 wurde in Halle die neue Universität gegründet. Friedrich Hoffmann (*Hoffmannstropfen*) wurde der erste Medizinprofessor der Universität und zog, wie erwähnt, Stahl ebenfalls nach Halle. Mehr als zwei Medizinprofessoren hatte die Universität zunächst nicht.

Das war für Stahl aber immerhin eine Position, auf

die sich heiraten ließ, was Stahl noch 1694 tat. Er war bereits 35 Jahre alt. Seine Frau, die 26 Jahre alte Catharina Margaretha Miculei, starb jedoch bereits zwei Jahre später im zweiten Kindbett. Die beiden Kinder des Paares haben die Kindheit ebenfalls nicht überlebt. Das ist eine der traurigen Seiten der damaligen Zeit. Jede Schwangerschaft barg für die Frau eine Todesgefahr.

Neun Jahre später heiratete der nun 46 Jahre alte Stahl die 19jährige Barbara Eleonora Tentzel, der es aber ebenso ging wie ihrer Vorgängerin. Sie starb im Kindbett.

Schließlich heiratete Stahl im Alter von 52 Jahren ein drittes Mal. Regina Elisabeth Wesener war die Tochter des Stadtphysikus von Halle. Das Paar hatte zusammen 6 Kinder, die eine zahlreiche Nachkommenschaft hervorbrachten. Davon ist aber wenig erforscht worden.

Diese Hallenser Dekaden von 1695-1714 sind für Stahl die kreativsten Jahre geblieben, obwohl ihm die vielen mit seinem Amte verbundenen Verpflichtungen sehr lästig waren.

Danach sehen wir ihn 1714/1715 den dänischen König Friedrich IV ärztlich betreuen. 1715 wird Stahl schließlich Leibarzt des preußischen Königs. Es war Friedrich Wilhelm I., der uns immer als besonders rau beschriebene Soldatenkönig, der kurz zuvor (1713) auf den Thron gelangt war. Noch im selben Jahre wurde Stahl zum Präsidenten des *Collegium medicum* ernannt. Von da an war Stahl der ranghöchste Arzt im Königreich und berühmt als großer Heiler und schöpferischer Wissenschaftler. Aber auf dem uns hier interessierenden Gebiet hat er nichts mehr geleistet. Nach 1720 hat er überhaupt nichts mehr veröffentlicht. Er lebte noch bis 1734.

Freilich, das bis dahin entstandene Werk Stahls hat auch unter heutigen Gesichtspunkten ungeheuerliche Ausmaße. Johann Christoph Goetz führt in einer Zusammenstellung der Schriften Stahls schon 1729 etwa 700 Titel auf, von denen 400 Titel *ad mentem* sind, also die Psyche betreffen.[7] Wie viele Werke Stahl selbst und direkt veröffentlicht hat, ist bis heute nicht bekannt. Das meiste davon befindet sich im lateinischen Original oder in französischen Übersetzungen in französischen Bibliotheken. Nur einzelne Arbeiten gibt es in deutschen Übersetzungen.

Das Werk Stahls als Ganzes ist so gut wie unerschlossen. Das liegt teils an Stahl selbst. Er hat es versäumt, seine Lehre in einem Lehrbuch zusammenzufassen. Er hat es auch versäumt, seine eigenen Werke zu sammeln oder auch nur ein Verzeichnis darüber zu führen. Schließlich hat er ausschließlich in der lateinischen Sprache des 17. Jahrhunderts geschrieben, das sich weit vom klassischen ciceronischen Latein entfernt hatte.

Da Stahls Arbeiten andererseits bei denen, die es lesen konnten, ein sehr großes Publikumsinteresse fanden, gibt es zahllose Ausgaben davon. Hinzu kommen die ebenso zahllosen Versuche seiner Schüler, sein Werk zu erklären, was die Verwirrung erhöht hat. Andererseits hat sich bislang keine der großen deutschen Forschungsorganisationen darum bemüht, Stahls Werk wissenschaftlich-historisch zu erschließen. Dazu hat wohl auch beigetragen, dass die Medizinhistoriker Stahl trotz seines immensen, bis in die Gegenwart reichenden Einflusses durchweg negativ beurteilt haben. Dahinter stand die zu ihrer Zeit geläufige Vorstellung, dass man nur mit Arzneien oder dem chirurgischen Messer heilen kann, aber nicht mit Worten.

So befinden wir uns heute in der etwas absurden Situation, dass Stahls Werk am leichtesten über die von Theodore Blondin veranstaltete französische Übersetzung zugänglich ist. Von deren einst geplanten acht Bänden sind allerdings nur sechs erschienen (1859-1864). Davon wiederum gibt es nur in Marseille einen vollständigen Satz. In keiner deutschen Bibliothek gibt es davon auch nur einen einzigen Band. Erfreulicherweise ist das Werk digitalisiert worden.[8] Man kann es also lesen. Schon in der Einleitung zum ersten Band mit der Widmung an die Medizinische Gesellschaft von Paris verleiht Blondin seiner Bewunderung für Stahl beredten Ausdruck.

An die Medizinische Gesellschaft Paris (gegründet 22. März 1796)

Wenn ich es nach 15 Jahren ernsthafter Arbeit und Mühen, welche manchmal über meine schwachen geistigen Kräfte hinausgingen, unternommen habe, meine Übersetzung der medizinischen und philosophischen Werke des berühmten Gründers der hippokratischen Schule von Halle zu veröffentlichen – tausend Hindernisse hatten sich dem Weg, den ich mir vorgezeichnet hatte, entgegengestellt – und angesichts der großen Schwierigkeiten, die immer noch weiter zunahmen, habe ich einen Moment geglaubt, meine Absichten seien vermessen.

In dieser grausamen Verwirrung habe ich mich vertrauensvoll an Gelehrte, Ärzte und Philosophen gewandt. Überall, ich sage das mit besonderer Freude, habe ich bei den gebildeten und freundlichen Männern ein großmütiges Echo gefunden. Paris, die Hauptstadt der gelehrten

Welt, hat über alle Maßen meinen Erwartungen entsprochen und, ich sage das mit besonderer Anerkennung, es war vor allem bei der kaiserlichen Akademie und der Medizinischen Gesellschaft (die im vergangenen Jahr so gütig war, mich trotz meiner Unwürdigkeit unter ihre korrespondierenden Mitglieder aufzunehmen), wo ich die ehrenvollsten Ermutigungen und schmeichelhaftesten Anerkennungen gefunden habe.

Daher bitte ich die Medizinische Gesellschaft von Paris demütig, das ehrerbietige Geschenk anzunehmen, das ich ihr mit dieser Arbeit als Ausdruck meiner aufrichtigsten Dankbarkeit und meiner großen Achtung mache.

Dies kleine Werk [der erste Band] mit dem Titel «Historische, dogmatische und kritische Studien zur medizinischen Pathologie» ist eine philologische und praktische Studie, welche die verschiedenen Perioden behandelt, welche die ärztliche Kunst seit der frühen Antike bis in unsere Tage durchlaufen hat. Sie schließt ab mit einer unparteiischen Anerkennung der wesentlichen Grundsätze, welche der unsterbliche Arzt von Halle unter den Gesichtspunkten der medizinischen Pathologie vorgetragen hat. Ich könnte daher keine bessere Wahl treffen, als diese bescheidenen Betrachtungen der gelehrten Gesellschaft zu widmen, die vor einem halben Jahrhundert gegründet worden ist, um über den Fortschritt der Medizin und über die Entwicklung der richtigen Prinzipien der praktischen Medizin zu wachen.

Mögen diese Betrachtungen nicht unwürdig sein, um für eine Weile die Aufmerksamkeit der hochzuehrenden Mitglieder zu fesseln, welche diese herausragende medizinische Gesellschaft bilden.

Montpellier, 15. August 1861

Dr. T. Blondin.

(Meine Übersetzung aus dem Französischen)

Geschrieben ist das in dem etwas schwülstigen Stil solcher Widmungen der damaligen Zeit. Aber der erste Band der Übersetzung enthält tatsächlich Stahls ungewöhnlich umfangreiche und kenntnisreiche Geschichte der Medizin von ihren Anfängen an. Auch das ist aristotelisch, denn Aristoteles hatte ebenfalls immer ausführlich alle ältere Literatur zum Thema zitiert, ehe er seine eigenen Vorstellungen darlegte. Das ist die Situation zumindest in Frankreich, von welcher wir hier auszugehen haben.

Das Werk Stahls im Hinblick auf die eine sich entwickelnde Psychotherapie

Die geschilderten Umstände sind teilweise auch Schuld daran, dass Stahls Bedeutung für die Psychotherapie bislang noch nicht einmal wirklich bemerkt worden ist. Stahl stellt die Psyche allem anderen in der Medizin voran. Damit fußt er auf Aristoteles. Dieser hatte in seinem Buch *Peri Psyché* ausgeführt, dass dem Wissen von der Psyche gegenüber allem anderen Wissen ein Vorrang einzuräumen sei. Dies habe zu geschehen unerachtet es «zum Schwierigsten» gehöre, eine gewisse Genauigkeit der Erkenntnis zu gewinnen.

So weit zunächst die allgemeinste Aussage, die unter einem Stichwort 'Stahl und die Psyche' treffen läßt.

1695, somit im frühen Beginn der Aufklärung, veröffentlichte Stahl die kleine *Dissertatio de passionibus animi corpus humanum varie alterantibus*, welche im Laufe der Zeit zu einem Schlüsselwerk werden sollte.

Die Übersetzung des Titels lautet meistens «Über den mannigfaltigen Einfluss von Leidenschaften [in anderen Übersetzungen: Gemütsbewegungen] auf den Körper». Das ist jedoch nicht ganz korrekt übersetzt und darum irreführend. Das lateinische Verb alterare (s. «*alterantibus*») kommt im klassischen Latein nicht vor, sondern ist ein mittellateinisches Wort.

Korrekter, wenngleich etwas umständlicher, wäre der Titel mit «Über die den menschlichen Körper auf verschiedene Weise verändernden Passiones animi» zu übersetzen. Anders herum gesagt: die schon im Titel enthaltene Botschaft lautet: die *passiones animi* verändern den Körper. Damit war ein neues Thema angeschlagen worden, das ein Jahrhundert lang vielfältig variiert worden ist.

In einer früheren Arbeit hatte ich ausführlicher dargestellt, was unter den *passiones animi* wirklich zu verstehen ist.[9] Zusammengefasst ist jener Teil der *psyche* (griech.) oder *anima* (lat.) gemeint, welcher nicht zur Vernunft (*ratio*) gehört, welchen aber doch jeder Mensch an sich selbst wahrnehmen kann. Während wir unsere Vernunft (*ratio*) aktiv auf etwas ausrichten können (etwa durch «*Konzentration*») sind wir den anderen Teilen der Psyche passiv ausgesetzt, wir erleiden sie, ohne sie zu beherrschen, daher *passiones animi*. Daher der Vergleich mit dem Leiden Christi am Kreuz, der *Passion Christi*.

Wir möchten heute lieber vom Einfluss der Gefühlswelt auf den Körper sprechen oder vom Einfluss unserer Emotionen auf unser Denken und Verhalten, von unserem emotionalen Denken. Es gibt leider keinen allgemein anerkannten oder gebräuchlichen Begriff für die gemeinte Sache. «*Gefühlspsyche*» trifft das Gemeinte wohl relativ am besten. Daher werde ich im Folgenden diesen Ausdruck bevorzugen.

Gefühle, Erlebnisse, Konflikte regieren den Körper

Gleich in der vierten These seiner aus Thesen aufgebauten Dissertation «*De passiones animi*» stellt Stahl fest, «*von der Gefühlspsyche her*» werde die Bewegung des Körpers («*motus*») dirigiert und verändert. Damit sind in erster Linie die unwillkürlichen Bewegungen gemeint. Hierzu gehört der Tonus der Muskeln und Blutgefäße («*motus tonicus*»), der von der Gefühlspsyche aufrecht erhalten wird und vom Verstand nicht gesteuert werden kann. Es gehören dazu ebenso die Bewegungen von Herz, Kreislauf, der Leiborgane, Magen und Darm usw. Von der Gefühlpsyche werden nach Stahl aber auch viele Krankheiten und Symptome «hervorgezogen» («*ducunt*»), wie er es sehr anschaulich nennt.

Man sollte darin jedoch bitte nicht eine Vorahnung der psychosomatischen Medizin erblicken. Stahl meint nämlich nicht nur diejenigen Körperkrankheiten, von welchen wir heute meinen, sie seien in der Psyche oder durch die Psyche entstanden. Vielmehr meint Stahl das Krankwerden überhaupt, etwa bei Seelenerschütterungen, welche Körperkrankheiten nach sich «ziehen». Also, auch das ist nur scheinbar modern, in Wirklichkeit aber alt.

Stahl macht unter den krankmachenden seelischen Ursachen einen - uns heute noch geläufigen - Unterschied zwischen den von außen auf den Menschen einwirkenden Erlebnissen einerseits, also etwa den life events, und den innerseelischen Ursachen andererseits. Auch die Folgen sind unterschiedlich. Die von innen her erregenden (*«ab intra excitantur»*) Seelenursachen führten gewöhnlich in höherem Grade (*«magis»*), jedoch eher mittelbar zu Krankheiten. Demgegenüber führen die mehr oder weniger zufällig von außen kommenden Eindrücke (*«objectorum externorum impressiones»*) mehr unmittelbar zum Auftreten (*«magis immediatae ac proximae»*) von Krankheiten (*«morborum sunt causae efficientes»*).

Das kann man gut nachvollziehen. Da haben wir also den langdauernden innerseelischen Konflikt, wie wir heute sagen, auf der einen Seite als Ursache. Auf der anderen Seite steht das plötzliche Ereignis, etwa ein unerwarteter schwerer Verlust.

Einfluss der Temperamente

Stahl führt in dieser Dissertation weiter aus, bei der Behandlung sei ferner das jeweilige Temperament zu berücksichtigen, wobei er dem melancholischen Temperament – oder, genauer, dem Temperament der Melancholiker (*«melancholiorum temperamentum»*) – und dem cholerischen Temperament (*«pathema cholericum»*) jeweils eine seiner «Thesen» widmet.

Diese selbst heute noch modern klingenden Thesen waren damals radikal neu. Da sie nicht den anerkannten Lehren entsprachen, mußten sie auf Widerstand treffen, was sie denn auch taten. Man darf sich sogar wundern, warum Stahl sie überhaupt ungestraft vortragen durfte. Das aber war eine Besonderheit der neuen Universität in Halle, was sie allen anderen deutschen Universitäten ihrer Zeit voraus hatte.

Die Ordinarii, also die ordentlichen Professoren, hatten das Recht, ihre Forschungsergebnisse und Gedanken unzensiert zu veröffentlichen. Wir befinden uns damals und noch lange Zeit danach im Zeitalter des Absolutismus, in welchem normalerweise nur die Meinung des Herrschers oder seiner Beauftragten zählte und alles darauf abzustellen war, sofern man nicht Bestrafungen riskieren wollte. Im Normalfall gab es also immer eine Zensur.

Kein Wunder also, dass bald von der «Hallenser Freiheit» die Rede war, in welcher Neues frei aufsprießen konnte. Wenn etwas einmal veröffentlicht worden war, konnte es allerdings trotzdem unangenehme Proteste und Folgen haben, das ist aber eine andere Sache.

Die Franckesche Stiftung und ihre Bedeutung für die entstehende Psychotherapie

Es war in Halle nicht allein die Freiheit der Universität, welche die geistige Blüte ermöglichte, sondern vier Jahre nach deren Gründung wurden dort die noch heute bestehenden Franckeschen Stiftungen ebenfalls neu gegründet (1698).

August Hermann Francke (1663-1727), der wichtigste Schüler des Pietistengründers Spener, war durch

Christian Thomasius, den ersten Rektor der Universität, an die Hallenser Universität gezogen worden.

Christian Thomasius war ein Jurist und Begründer der juristischen Fakultät. Obwohl er aktiv nicht eingegriffen hat in das, was wir hier darstellen, ist sehr viel seinem indirekten Einfluss zu verdanken. Christian Thomasius war ein Sohn des Philosophen Jacob Thomasius, der wiederum der Lehrer von Leibniz gewesen war.

Christian Thomasius war ein brillanter Bilderstürmer und hatte sich in Leipziger Vorlesungen sehr heftig gegen Orthodoxie, Pedanterie, Buchstabenwissen und geistige Erstarrung geäußert. Als Rektor der neu gegründeten Universität Halle war er also gerade der richtige Mann, um Blumen zum Gedeihen zu bringen, die sonst nirgendwo einen Nährboden gefunden hätten. Daher konnte er auch Francke heranziehen, der mit seinem laut verkündeten Pietismus durchaus nicht unumstritten war.

Francke war zunächst nur Professor für Hebräisch und Griechisch gewesen (außerdem konnte er Englisch, Französisch und selbstverständlich Latein), danach wurde er Professor für Theologie. Dieser rührige und organisationsbegabte Mann übte vor allem auch über seine engen persönlichen Beziehungen zu Thomasius wie auch zu Friedrich Hoffmann, von dem noch mehr zu sagen sein wird, sowie auch zu Stahl einen großen Einfluss in alle Bereiche hinein aus. Stahl seinerseits hatte Francke schon 1691 in Gotha kennen gelernt.

Ehe man auf die Idee kommen kann, dass Psychotherapie etwas Gutes für den Menschen sei, muss man sich in der Psyche des Menschen zu Hause fühlen können. Dazu leisteten die Franckeschen Pietisten einen wichtigen Beitrag, der auf alle anderen abfärbte.

Zwar kannte schon der mittelalterliche Philosoph Eckhart von Hochheim, Meister Eckhart also, in seinen in deutscher Sprache verfassten mystischen Texten eine höchste dritte Stufe der Erkenntnis, nämlich *«wie sie* [die Erkenntnis] *im Geiste inwendig ist».* Von dort führt der gerade Weg über Philipp Jacob Spener zu August Hermann Francke in Halle.

In diesen pietistischen Kreisen kommt es auf das innere religiöse ERLEBEN an, welches man sich gegenseitig in Form von Bekenntnissen in halböffentlichen Zirkeln offenbart. Der Blick ist hier erstmalig nicht mehr auf Gott und die Heiligen gerichtet, sondern auf das INNER-SEELISCHE ERLEBEN des Menschen selbst, auf die subjektive Seite des Erlebens und individuellen Lebens.

In Tagebüchern, Briefen und Briefromanen werden solche privaten Innenerlebnisse veröffentlicht. Das bekannteste Beispiel ist der Roman *Anton Reiser* (1785-1790) von Karl Philipp Moritz, der auch als erster psychologischer Roman bezeichnet wird, zeitlich aber doch schon viel später als das Werk Stahls liegt.[10]

Diese Innenschau hat ebenfalls die deutsche Psychiatrie und Psychotherapie mit geprägt, so weit sie deutsch war. Erst die zwangsweise Einführung der amerikanischen Psychiatrie durch den Gesetzgeber im Jahre 2000 hat das (vorläufig?) beendet.

Stahl war ein Arzt und Professor, dessen zentrales Interesse der Seele galt und der diese in der ärztlichen Beobachtung erfasste. Die drei Ausdrücke SEELE-PSY-

CHE-ANIMA für dieselbe Sache werden von mir hier im gleichen Wortsinne gebraucht. Es klingt heute so selbstverständlich, dass ein Psychiater, oder wie hier ein Arzt mit Sonderinteressen, sich der Psyche seiner Patienten zuwendet. Das ist aber unter den Ärzten bis in die Gegenwart keineswegs die Regel. Das Hauptinteresse der heutigen Psychiater gehört, mit wenigen Ausnahmen, weiterhin dem Gehirn und der Chemie.

Stahl war zwar durchaus ebenfalls Chemiker und Forscher der Chemie, das lassen wir aber hier wegen des Themas dieser Arbeit beiseite. Vor allem aber war er ein scharfer und kluger Beobachter seiner Patienten. Diese Beobachtungen waren die praktischen Grundlagen seiner Erkenntnisse. Jedoch gibt es, was hier nicht weiter ausgeführt werden muss, keine reine, theroriefreie, sprich philosophiefreie Empirie. Es ist also danach zu fragen, welche Theorie Stahl bei seinen Beobachtungen benutzte.

Stahl war Kind seiner Zeit und nicht nur durch lutherische Theologie und den Pietismus, sondern auch durch die Aufklärung geprägt. Es wurde schon gesagt, dass sein Denken bei Aristoteles anknüpft.

Einfluss aristotelischen Denkens

Es war dem Einfluss Philipp Melanchthons von der Nachbaruniversität Wittenberg zuzuschreiben, dass aristotelisches Denken zur geistigen Grundlage der deutschen Universitäten in den lutherischen Ländern geworden war. Aristoteles hatte die bereits genannte eigene Schrift zur Psyche verfasst, deren schon erwähnter griechischer Titel «*Peri psychês*» lautet, was eigentlich «*Um die Seele herum*» übersetzt werden müsste. Das ist auch dem Inhalt nach der zutreffendere Titel. Mit dieser Schrift hat Aristoteles die Seelenwissenschaft oder Seelenpsychologie begründet. Es ist dieser Grundgedanke, der sich auch bei Stahl findet, es ist die Seele, welche den Leib bewegt.

In dem Gebrauch des Wortes *psychê* bei Aristoteles schwingt der ganze Bedeutungshof der im Griechischen mit dem Wortstamm *psych* zusammen existierenden Worte. ψυχω (*psycho* = ich hauche, hauchen), ψυχος (*to psychos* = Kälte, Frost), ψυχρος (*psychros* = kühl, kalt). Psyche bedeutet also zunächst Hauch oder Lebenshauch. So lange der Mensch atmet, lebt er, so lange er lebt, atmet er. Psyche ist also in erster Annäherung das, was dem Körper Leben verleiht, obwohl die Psyche selbst immateriell ist.

Bereits bei Platon gibt es eine vom Körper unabhängige, davon ablösbare unsterbliche Seele, wie sie für die griechisch-europäische Kultur bestimmend geblieben ist. Körper und Seele bilden eine Gemeinschaft. Ebenso wie es den belebten Körper nicht ohne Seele gibt, kennt Aristoteles auch keine Seele unabhängig vom Körper (das war noch bei Platon anders und wird im Christentum wieder anders sein). Die selbst unbewegte Seele «*bewegt*» den Körper, der Körper wird bewegt, ist also passiv.

An etwas anderer Stelle schreibt Aristoteles aber auch, und das ist für uns hier besonders wichtig, «*die sogenannte Wahrnehmung ist aber, als Betätigung, eine Bewegung der Seele durch Vermittlung des Leibes*». Beides ist also möglich. Obwohl die Seele ein Ganzes ist, unterscheidet Aristoteles an der Seele mehrere Seelenteile. Die Nährseele *(anima vegetativa)* ist zuständig für die Selbsterhaltung des Körpers. Die Sinnesseele (*anima sensitiva*) gehört zum Wahrnehmen und zum Bewusstwerden des Wahrgenommenen. Schließlich gibt es die Vernunftseele *(anima rationalis)*: *«Die sogenannte Vernunft der Seele also - ich nenne Vernunft das, womit die Seele nachdenkt und Annahmen macht».* Aristoteles sagt weiter, dass das Wissen über die Seele gegenüber anderem Wissen einen Vorrang habe.

Stahl und die anima rationalis

Die *anima rationalis,* ebenso wie die *anima irrationalis* ist das, was Stahl aufgreift oder wiederbelebt, wie man will. Die so verstandene Seele ist auf die Erhaltung des Körpers und damit des Lebens gerichtet und in so weit mit dem Leben selbst identisch.

Stahl sieht darin eine Vernunft derart walten, dass der Körper und damit auch die Psyche immer bestrebt sind, ab Beginn einer Krankheit oder Verletzung einen gesunden Zustand wiederherzustellen. Das ist etwas, was der berühmteste Arzt des 19. Jahrhunderts, Rudolf Virchow, sehr anerkannt hat. Virchow wird normalerweise der nicht nachgewiesene Satz in den Mund gelegt, *«ich habe tausende von Leichen gesehen und keine Spur von Seele darin gefunden».* Bezüglich Stahl hat sich Virchow jedoch ganz anders und durchaus im Sinne Stahls geäußert.

Aber wenn wir nun sehen, dass der Kampf [der Heilkräfte] wiederum nach einem einheitlichen Prinzip geführt wird, dass er eine Tendenz, die Heilung, hat und dass die Mittel, dieses Ziel zu erreichen, scheinbar planmäßig und zweckmäßig gewählt und in Wirksamkeit gesetzt werden, welche Kraft sollen wir uns da als die bestimmende denken? Welches und wo ist das leitende Prinzip zu suchen? Die Mehrzahl der Ärzte sagt mit Hippokrates, es sei die Natur, die Physis. Aber drehen wir uns nicht im Kreise herum, wenn wir zuerst die gesetzmäßige Einrichtung des Körpers die Natur nennen, und wenn wir dann, um zu erklären, wie diese Einrichtung zu einem planmäßigen, einheitlichen Handeln bestimmt wird, wieder auf die Natur kommen? Haben wir es nicht das eine Mal mit einer Substanz, das andere Mal mit einer Kraft zu tun? Und zwar mit einer organisierten Kraft, einer Kraft mit Zwecken und Plänen, mit anderen Worten einer Art von Geist? [...] Georg Ernst Stahl, der berühmte Hallische Kliniker im Anfange des vorigen Jahrhunderts, ging einen Schritt weiter: er setzte die Seele selbst, die Anima, als bestimmendes Prinzip ein.[12]

Das Wirken der *anima* vermeinte Stahl getreu dem aristotelischen Bilde nach im Körper selbst ausgemacht zu haben. Das ist ein Teil seiner Vorstellungen, welcher uns nur schwer nachvollziehbar erscheint.

Zwar war es Stahl gelungen, seine Vorstellungen dazu in einem - natürlich lateinischen - Slogan zusammenzufassen als «*motus tonicus vitalis*». Leider gelingt es mir nicht, daraus eine ebenso griffige deutsche Formel zu bilden. *motus* ist Bewegung, *tonus* enthält das Bild vom Spannen eines Seiles oder der Sehne eines Bogens und *vitalis* ist so viel wie 'Lebenskraft gebend'. Also die umschreibende Übersetzung des Slogans lautet etwa 'Lebenskraft durch Spannung und Bewegung'. Sehr frei ist das als «Spannung und Bewegung macht das Leben aus» zu übersetzen. Stahl stellte sich das allerdings konkret vor.

Ähnliche Vorstellungen davon, wie denn die Psyche in jedem einzelnen Behandlungsfall auf den Körper einwirkt, sind auch später, z. B. bei Marcus Herz, entwickelt worden. Er war der Ehemann der bekannteren Henriette Herz und so etwas wie der Psychotherapeut von Immanuel Kant. Einmal hat Marcus Herz das als Gebrauchsanweisung formuliert:

> ...ein System zu bilden, das die Anleitung enthält, jene ungefähre heilsame Gemüthsveränderung vorsätzlich zu veranstalten und mit Absicht jedes mal diejenige zu erregen, welche der Kur [sprich: Behandlung] des gegenwärtigen Übels angemessen ist.[13]

Man sollte sich jedoch nicht allzu sehr bei den Erklärungsversuchen eines Forschers aufhalten, wenn etwas Neues vorgetragen wird und mit denen der Forscher selbst sich das, was er gefunden hat, plausibel macht. Man verliert sonst die Sache aus dem Blick. Das ist ein Jahrhundert später Mesmer so gegangen, der die hypnotische Wirkung entdeckte, also die Hypnose. Der Streit ging jedoch nicht um das nicht bestreitbare Phänomen der Hypnose, sondern um Mesmers - nicht haltbare - Entstehungshypothese.

Das Wesentliche bei Stahl ist, dass er seine Aufmerksamkeit ständig auf die Psyche seiner Patienten, jedes Patienten, gerichtet hat. Man kann sich gut vorstellen, dass er dadurch in einen Rapport zu seinen Patienten geraten ist, wie sie es von anderen Ärzten nie kennen gelernt haben. Als psychodynamisch orientierter

Psychiater erlebt man so etwas auch heute noch ständig. Es stellt sich sehr rasch eine psychotherapeutische menschliche Beziehung her, ein wichtiges Element für jede ärztlich geführte Heilung. Leider haben wir keine konkrete und anschauliche Beschreibung dafür, wie Stahl mit seinen Patienten umgegangen ist. So etwas mag noch in seinem unerschlossenen Werk vorhanden sein, fehlt aber jetzt.

Wenn man sich aber an Stahls eigenen Plausibilitätsversuch hält und das eben Dargelegte außer Acht läßt, kommt man zu einem falschen Ergebnis, wie ich es beispielsweise unter seinem Namen in der *Deutschen Biographischen Enzyklopädie* von 1998 gefunden habe:

> Für Stahl wurde der lebende Körper, ein mechanischer Apparat, direkt von der Seele ("Anima") gesteuert. Alle leiblichen Vorgänge seien der Seele unterstellt, die den Körper bis ins Detail kenne und beherrsche. Stahl hielt deshalb exakte anatomische und physiologische Kenntnisse für unnötig.[14]

Der Körper sei ein toter Gegenstand, die Psyche bewegt ihn, wird Stahl fälschlicherweise unterstellt. Aber wie kommt es dann, fragt man sich, dass gerade Stahl eine solche weitreichende Wirkung auf die weitere Entwicklung der europäischen Medizin und insbesondere später auf die Psychiatrie in Deutschland und in Frankreich genommen hat? Selbstverständlich hat Stahl die Anatomie und die Physiologie des Menschen genauestens gekannt und auch darüber sehr viel veröffentlicht. Anders kann man sich gar nicht auf die Psyche konzentrieren. Er war sogar auch ein Laborforscher im Sinne seiner Zeit gewesen.

Stahl, ein Iatropsychiker

Das alles, die Beachtung der Psyche bei jedem Patienten, ist aber noch keine Psychotherapie, sondern nur die Grundlage, auf welcher sich eine Psychotherapie entwickeln konnte. Der Arzt Stahl selbst ging noch nicht den nächsten Schritt, jedenfalls nicht explizit. Dieser würde darin bestehen, absichtlich auf das Gemüt eines Kranken einzuwirken und ihn dadurch zur Heilung zu führen. Da aber Stahl die Psyche so in den Vordergrund stellt und alles das, womit der Arzt umzugehen hat, unter diesem Gesichtspunkt sieht, möchte ich ihn in Analogie zu den Iatrochemikern und den Iatrophysikern (etwa vertreten durch Hoffmann) als Iatropsychiker bezeichnen. Erst auf dieser Grundlage konnte eine Psychotherapie gedacht werden, nämlich als Einwirkung auf die Psyche, um so auf den Leib zu wirken.

Für unsere Zwecke bleibt Stahls ursprüngliche Arbeit über die Einwirkung der *passiones* auf den Körper, also der Gemütsbewegungen als krank- und gesundmachender Faktor maßgebend. In dieser kleinen Schrift spielt er alle Möglichkeiten der Einwirkung nicht nur auf den Körper, sondern auch bei psychischen Störungen wie Melancholie und Hypochondrie (beides im damaligen Sinne) durch. Dies Thema haben dann seine Schüler und Nachschüler auf die verschiedenste Weise variiert.

Während Hoffmann als großartiger, die Studenten begeisternder Universitätslehrer geschildert wird, haben seine Zeitgenossen an Stahl immer wieder die starke Arztpersönlichkeit hervorgehoben. Er wird oft als einer der größten Ärzte der Geschichte bezeichnet. Nur in abstrakter Form hat er sich zu dem geäußert, was er als Therapeut gemacht hat. Er gehe davon aus, dass im Krankheitsfall der Körper (was immer die Psyche einschließt) eigentlich durch eigene Kraft dem Gesundheitszustand zustrebe. Er stelle sich die Frage, warum im konkreten Falle diese Kraft versage.

So kann man sich auch heute das Gesundwerden vorstellen. Da Stahl den *passiones* eine so große Bedeutung beimisst, wird er sich derer wohl auch jedes Mal vergewissert haben.

Ferner komme es nicht auf Symptome an, so Stahl weiter, sondern auf die Erfassung des Ganzen. Eigentlich habe der Arzt wenig zu tun, er müsse nur die natürlichen Gesundungskräfte unterstützen. Ein Fieber etwa, sei nicht immer etwas Krankhaftes, sondern wird von Stahl auch als Heilungsversuch verstanden. Diese modern erscheinende Art zu arzten war im Wettstreit mit seinen Kollegen offenbar überaus erfolgreich, jedenfalls bei den Patienten.

Mit seinem ärztlichen Denken und Handeln setzte sich Stahl, wie man leicht versteht, nach vielen Seiten hin in Widerspruch. Den Ärzten seiner Zeit warf er vor, sie stützten sich lediglich auf chemische und physikalische Experimente und anatomische Spitzfindigkeiten. Dem setzte er seine Lehre entgegen, welche in ihren Begründungen doch oft genug nicht konkret zur Anschauung gebracht werden kann, aber eben erfolgreich war. Diese Gegensätze bestehen zwischen den Ärzten allgemein und den Psychiatern im Besonderen auch in der Gegenwart noch.

Der Gegensatz zu den kirchlichen Lehren besteht darin, dass die *anima* nicht mehr als Seele der Gnade Gottes ausgeliefert ist, sondern durch ärztliche Kunst zum Guten beeinflusst werden kann.

Schließlich hat sich Stahl auch in Gegensatz zu Christian Wolff gesetzt, der sein Zeitgenosse und Universitätskollege in Halle war und einer der größten Philosophen überhaupt. Wolff und seine Schüler aber gingen von einem strengen Dualismus, von einem Nebeneinander von Leib und Seele aus. Da war kein Platz für eine *anima rationalis* oder *sensitiva*, welche nicht nur den Leib, sondern den ganzen Menschen beherrschte.

So ist das Urteil über Stahl seither immer zwiespältig geblieben, je nach dem, von welchem Blickwinkel aus er betrachtet wurde.

Wolff hat übrigens mit seiner Philosophie zur selben Zeit ebenfalls einen großen Einfluss auf die sich von da an neu entwickelnde deutsche Psychiatrie genommen, woran hier nur erinnert werden soll. Dazu habe ich an anderer Stelle das Notwendige dargestellt.[15]

Stahls Schüler und Anhänger

Einen direkten Nachfolger im Geiste, einen, der sein Denken unmittelbar fortgesetzt hätte, hat Stahl nicht gehabt, vielleicht nicht einmal gewollt. So etwas gibt es aber auch sonst nicht. Auch Freud hat keinen Nachfolger gehabt, der ihn fortgesetzt hätte.

Stahls zahlreiche Schüler erklären sein Werk, fügen dem aber nichts Neues hinzu. Unter den Schülern sind einmal seine unmittelbaren Schüler zu nennen. Sie sind

- manche an anderen Orten, nicht in Halle - schriftstellerisch außerordentlich produktiv gewesen. Die Zahl der von ihnen hinterlassenen medizinischen und anderen Werke geht in viele hunderte. Es wäre schon interessant zu wissen, wie weit der Arzt und Forscher Stahl darin fortgelebt hat. Bisher hat sich offenbar noch keiner an diese Arbeit gewagt, das Gesamtwerk der Schüler durchzusehen. Um einem Forscher, der diese Aufgabe übernehmen möchte, erste Hinweise zu geben, werde ich im Folgenden wenigstens, so weit bekannt, deren Namen mit Geburts- und Todesjahr anführen. Einen Anspruch auf Vollständigkeit kann die Liste nicht erheben.

- Johann Daniel Gohl (1665-1731), Kreisphysikus im Märkischen Oberland;
- Johann Christian Kundmann (1684-1751), Arzt und Schriftsteller in Breslau;
- Johann Samuel Carl (1667-1737), Leibarzt des Herzogs von Schleswig-Holstein, der in Personalunion König von Dänemark und Norwegen war;
- Andreas Ottomar Goelicke (1671-1744), Professor der Praktischen Medizin an der Universität Frankfurt a. O.;
- Georg Daniel Koschwitz (1679-1729), Professor der Botanik und Anatomie in Halle;
- Johann Juncker (1679-1759), Professor der Medizin in Halle;
- Michael Alberti (1682-1757), Professor der Medizin in Halle;
- David Samuel Madai (1709-1780), Leiter des Ver-

sandhandels mit Medikamenten der Francke-
schen Stiftungen in Halle;
* Georg Philipp Nenter (1676-1721), Arzt und Me-
dizinschriftsteller in Straßburg;
* Johann Theodor Eller (1689-1760), Leiter der
Charité in Berlin und Leibarzt der preußischen
Könige Friedrich-Wilhelm II. und Friedrich II.

Von diesen haben sowohl Johann Juncker[16], Johann
Theodor Eller[17] und Michael Alberti[18] in der jüngeren
Vergangenheit eine Einzelwürdigung erfahren. Juncker
wird darin die Einführung des klinischen Unterrichts
für Medizinstudenten zugeschrieben.

Frühwirkung Stahls

Für die Zwecke dieser Arbeit ist es günstiger, eine
Frühwirkung von Stahls Werk (vor 1750) von einer Spät-
wirkung (nach 1750) zu unterscheiden. Die Frühwir-
kungen, so weit sie sich in einer gedruckten Literatur
niedergeschlagen haben, wiederholen wesentlich den
Hauptsatz von der Einwirkung der Seele auf den Körper. Dazu gehört ein 315 Seiten starkes, in lateinischer
Sprache verfasstes Buch von John Tabor (*1667) in
England, der darin schreibt, die Seele sei es, welche –
ganz im Stahlschen Sinne – für die organischen Bewegungen verantwortlich sei. Aufgabe der Medizin sei es,
dies zu berechnen, wofür er einige Beispiele vorgab.[19]
John Tabor wäre nicht zu verwechseln mit dem ähnlich
heißenden Heinrich Tabor in Deutschland, der 1786

ein Buch «*Über die Heilkräfte der Einbildungskraft*», also der Imagination, veröffentlichte.[20] Im Darauf folgenden Jahr veröffentlichte Heinrich Tabor ein Buch «*Skizze einer medicinischen Psychologie*», das im Titel den Ausdruck medizinische Psychologie trägt, die er allerdings etwas anders verstand wie wir heute.[21]

Im übrigen gab es vor allem Michael Alberti (1682-1757). Alberti selbst war kein besonders origineller medizinischer Denker, ist aber wohl gerade dadurch zum wesentlichen Propagandisten der Ideen Stahls geworden. Eine Generation jünger als Stahl, war er einer der zahlreichen Pastorensöhne jener Zeit, die Deutschlands Kultur bereicherten. Gleich seinem Vater studierte er zunächst die lutherische Theologie, konnte sich aber wohl nicht entschließen, eine Pastorenstelle zu übernehmen. Der Ausweg in einem solchen Falle war damals, Hofmeister zu werden, sprich Privatlehrer der Kinder eines vornehmen Herrn. So machten es später auch Hölderlin, Hegel und andere. Durch diese Tätigkeit kam Alberti nach Jena, wo er Medizin studieren konnte und von dort weiter nach Halle, wo er Schüler Stahls und dessen engster Anhänger wurde. Nach einem Zwischenspiel in Nürnberg sehen wir ihn durch Stahls Veranlassung außerordentlicher Professor in Jena werden. Später in seinem Leben wurde er in Halle Professor für Physik und Leiter der botanischen Gärten.

Alberti hat sich durch eine schier unendliche Fülle der von ihm präsidierten Dissertationen in die Geschichte eingetragen. Eine Aufzählung wäre darum hier sinnlos. Wie immer bei derartigen Dissertationen der damaligen Zeit, weiß man oft nicht, was geistiges Eigentum des Präside ist und was der Respondent (Doktorand) dazu beigetragen hat. Jedenfalls zählten die Dissertationen im Normalfalle, wie erwähnt, zu den Werken des Doktorvaters. Unter diesen Dissertationen sind einige, welche die Stahlsche Linie der Einwirkung der Psyche auf den Körper weiterführten.

Zu solchen Arbeiten gehört auch eine von Johann Andreas Roeper mit dem Titel «*Die Würckung der Seele in den menschlichen Cörper. Nach Einleitung der Geschichte eines Nacht-Wanderers aus vernünftigen Gründen erläutert.*»[21] Hierzu vermerkt Heinrich Laehr nur bissig «Stahlii grege, satis asper et obscurus» («zur Herde Stahls gehörend, ziemlich holprig und dunkel»).[23] Solche abfälligen Bemerkungen hat Stahl sich schon zu seinen Lebzeiten gefallen lassen müssen, sie werden ihm auch heute noch hinterher geworfen. Selbst Wikipedia reiht sich da unwürdig ein und bezeichnet Stahl als Alchemisten, Chemiker, Mediziner und Metallurgen. Viele Forscher halten die Naturwissenschaft für die einzige rechtmäßige Kirche.

Über Roeper ist sonst weiter nichts bekannt, außer dass er bei Alberti 1724 über Lochien promoviert hatte. Bei Geyer-Kordesch wird Roeper nicht erwähnt. In einer späteren Arbeit vertritt Roeper den Stahlschen Standpunkt gegenüber den strikten Leib-Seele-Dualisten um Christian Wolff. Das an sich doch schöne Bild von zwei Uhren, die immer gleich laufen, obwohl sie miteinander nicht Verbindung stehen, sei eine «unbegreifliche Lehre», was ja wohl stimmt. Roeper geht aber ins andere Extrem und verleiht der Seele eine Selbständigkeit, so dass die Seele im Schlaf durch ihre Einbildungskraft den Körper ohne Wissen des Schläfers regieren kann. Auf diese Weise erklärt er sich das Phänomen des Nachtwandlers.

Spätwirkung Stahls

Stahl dagegen hat vor allem auch über seine zahlreichen Enkelschüler und Großenkelschüler gewirkt, obwohl seine Wirkzeit in Halle nur 22 Jahre betragen hat (1694-1716). Da Stahl danach Leibarzt des Königs von Preußen und vor allem Präsident des *Collegium medicum* in Berlin war, blieb sein allgemeiner Einfluss groß. Das erkennt man etwa an der großen Zahl von Arbeiten, in denen ständig das eine Thema wiederholt wird, die Einwirkung der Emotionen auf Körper und Krankheit. Dazu gehören auch Arbeiten über die Unterschiede der Seelenkräfte unter verschiedenen Menschen und Unterschiede je nach Körperbau. Aufmerksam wird man, wenn es um Krankwerden oder Behandlungen *per sympathiam* oder durch IMAGINATION (Einbildung, Vorstellungskraft) geht. In den Anmerkungen werden einige Titel von Arbeiten genannt, die eine Anschauung von den lebhaften Diskussionen der Zeit zu Fragen von Psyche und Krankheit vermitteln und insgesamt den Bemerkungen von Wikipedia widersprechen. Auf jede dieser Arbeiten einzugehen, würde vielleicht doch etwas bemühend sein und trägt nichts mehr zum grundsätzlichen Verständnis bei. Einen allgemeinen Eindruck bekommt man aber bereits, wenn man einige Titel in ihrer zeitlichen Reihenfolge zusammenstellt, die alle schon in der Wahl ihrer Titel den Einfluss Stahls erkennen lassen.

Dazu gehören Arbeiten des rührigen Erlanger Hofrats und Professors der Arzneiwissenschaften Heinrich Friedrich Delius, auch er ein Pastorensohn. Nur einige Semester seines Medizinstudiums hatte er in Halle verbracht. Doch hatten ihn die Stahlianer so beeindruckt, dass er für eine Arbeit einen Titel wählte, als hätte er bei Stahl abgeschrieben: *«Von den Würkungen der Seele in den Körper, besonders bey der Heilung der Krankheiten»*.[24]

Der spätere Leibarzt des Herzogs Karl Eugen von Württemberg und Professor an der Universität Tübingen hatte selbst 1742 in Halle promoviert. Unter seiner Anleitung war später eine Dissertation entstanden, welche einmal mehr die Kraft der Psyche bei der Entstehung und Heilung von Krankheiten darstellte.[25]

Das kleine Fürstbistum Fulda hatte einen an der Psyche interessierten Leibarzt des Fürstbischofs, Friedrich Christian Gottlieb Scheidemantel. Der war auch Arzt im lieblichen Ostheim vor der Rhön im Fuldaischen. Scheidemantel veröffentlichte 1787 einen 431 Seiten dicken Band über Leidenschaften als Heilmittel und als Ursachen von Krankheiten.[26] Scheidemantel wird im Internet deswegen als Pionier der medizinischen Psychologie gefeiert. Das war er nun freilich nicht, denn alles war schon bei Bolten dargestellt worden, wenn auch nicht mit derselben Ausführlichkeit. Aber Scheidemantel kommt das Verdienst zu, auch aus seiner Selbsterfahrung heraus berichtet und vieles aus der Literatur zusammen getragen zu haben, was dem Thema Gefühlswelt und Krankheit zugeschlagen werden kann. Es gibt offenbar keine neuere Ausgabe davon, obwohl es sich lohnen würde. Den Plan zu dem Buch hatte Scheidemantel schon viele Jahre früher gefasst, das berichtet sein Rezensent.

> Schon vor vielen Jahren faste der Vf. den Entschluhs, nach vollendeter akademischer Laufbahn die allgemeinen Wirkungen jeder Leidenschaft an sich selbst und andern mit Aufmerksamkeit zu beoabachten, was andere hiervon aufgezeichnet hatten, zu sammeln, aus diesem allen herzuleiten, ob, wo, wie, wenn, wie stark, wie lange und mit welcher Vorsicht man sie als Heilmittel gebrauchen könne und endlich selbst behutsame Versuche zu machen.[28]

Nur scheinbar gehört in denselben Zusammenhang die häufig genannte Abhandlung von William Falconer (1788), weil sie in der deutschen Übersetzung den Titel *Abhandlung über den Einfluss der Leidenschaften auf die Krankheiten des Körpers* führt. In dieser Übersetzung des Titels wurde das wichtigste Wort des Originaltitels fortgelassen, nämlich «Affekte». Tatsächlich geht das Buch, das man sich heute aus dem Internet herunterladen kann, alle damals in England bekannten Krankheiten durch und fragt, welchen Einfluss zum Guten oder Schlechten die natürlichen Affekte darauf nehmen können. Benutzt wird dazu die antike Affektenlehre wie sie beispielsweise durch Albertus Magnus in Köln fortentwickelt worden war.[29]

Ganz gewiss gehört zu den Spätwirkungen Stahls das dreibändige Werk von Albrecht Mathias Vering mit dem Haupttitel *Psychische Heilkunde*. Vering gehörte nicht zu den akademischen Ärzten, sondern betrieb ab 1796 in Liesborn in Westfalen eine Privatklinik für psychisch Kranke. Er beteiligte sich aber an wissenschaftlichen Preisausschreiben und erhielt erste Preise sowohl von der französischen als auch der russischen Medizinischen Gesellschaft. Die einzelnen Titel der drei Bände verweisen klar auf Stahl wie auch auf Bolten: *«Über die Wechselwirkung zwischen Seele und Körper im Menschen»*, *«Von der Anwendung der psychischen Kurmethode bei den Krankheiten des Körpers»*, *«Von den psychischen Krankheiten und ihrer Heilart»* [mit der psychischen Kurmethode]. Nur waren zu dieser Zeit offenbar Bolten und auch Stahl schon so weit aus dem kollektiven Gedächtnis verschwunden, dass man später meinte, Reil sei der geistige Vorfahr zu diesen Arbeiten.[30]

Es wird vielleicht aufgefallen sein, dass in diesem Zusammenhang Mesmer noch nicht genannt worden ist. Mesmer gehört aber tatsächlich nicht hierher. Mesmer selbst hielt sich nicht für einen Psychotherapeuten und hatte, außer zu Unzer, auch keinerlei persönliche Verbindung zu irgendjemand im Umkreis der Hallenser Therapeutenschule. Dass Mesmer und Hypnosen sonst oft beim Thema Psychotherapie erwähnt werden, hängt wohl hauptsächlich damit zusammen, dass Sigmund Freud zunächst als Hypnotherapeut bekannt wurde und auch andere Psychotherapeuten Hypnose als eine ihrer Techniken verwandten.

Bevor ich zum Schluss und auf die Anwendung der Lehren aus der Geschichte für die Gegenwart komme, möchte ich nur noch kurz zusammenzählen, was sich um 1800 bereits in der deutschen Psychotherapie tut. Außer den Brüdern Bolten gibt es um diese Zeit bereits sieben Professuren für Psychotherapie an deutschen Universitäten. An der 1810 neugegründeten Berliner Universität gab es gleich drei Professoren, alle engagierte Psychodynamiker, Mesmeristen und daher sehr erfolgreiche Ärzte: David (nach 1816 Johann) Ferdinand Koreff (1783-1851), Karl Christian Wolfart (1778-1832) und Johann Gottfried Langermann (1768-1832). In Bonn gab es Joseph Ennemoser (1787-1854). In dem damals besonders berühmten und fortschrittlichen Bamberg, wo in dieser Zeit auch Hegel als Zeitungsredakteur und E. T. A. Hoffmann als Operndirektor tätig waren, gab es ebenfalls zwei psychotherapeutische Professoren. Der eine war Adalbert Friedrich Marcus (1753-1816), der andere war Andreas Roeschlaub (1768-1835). Und natürlich gab es in Leipzig Johann Christian August Heinroth (1731-1843) mit seinem Lehrstuhl für psychische Therapie. Alle Genannten wurden berufen, weil sie so etwas wie Psychotherapeuten waren und haben zahlreiche dickleibige Werke über Psychotherapie im Stile ihrer Zeit hinterlassen. Über jeden ließe sich ein Buch schreiben, was zum Teil auch schon geschehen ist. Einige von ihnen waren in psychiatrischen Institutionen tätig, alle betrieben sie die Psychotherapie auch in freier Praxis. Es ist auch zu wiederholen, dass dies geschah mehr als 100 Jahre, bevor in irgend einem anderen europäischen Land eine ähnliche Professur eingerichtet wurde.

Der Streit um die Bedeutung der Psyche in der Psychiatrie und den Nutzen der Psychotherapie wird aber wohl nicht aufhören, so lange es Ärzte gibt, die sich nur der physikalischen, chemischen oder auch biologischen Materie verpflichtet fühlen.

Anmerkungen zu Stahl und seinem Werk

1. Geyer-Kordesch, Johanna: Pietismus, Medizin und Aufklärung in Preußen im 18. Jahrhundert. Das Leben und Werk Georg Ernst Stahls. Max Niemeyer Verlag Tübingen 2000.

2. Kirchhoff, Th.: Georg Ernst Stahl. In: Kirchhoff, Th.: (Hg.): Deutsche Irrenärzte. Einzelbidler ihres Lebens und Wirkens. Bd. 1, S. 10-13. J. Springer: Berlin 1921.

3. Stahl, Georg Ernst; August Heinrich Fasch: Augustinus Henricus Faschius, collegii medici decanus s. p. d. lecturis [de chylificatione]. Jena 1684.

4. Stahl, Georg Ernst: Dissertatio medica inauguralis de intestinis, eorumque morbis ac symptomatis cognoscendis et curandis. Preside Rudolfo Wilhelmo Krauß, stabilitum ibit Georgius Ernestus Stahl. Werther, Jena 1684.

5. Stahl, Georg Ernst: Dissertatio physiologico-medica de sanguificatione in corpore semel formato exponnunt praeses Georgius Ernestus Stahl et respondens Johannes Salomo Brehme, Jena 1684.

6. Stahl, Georg Ernst: Dissertatio epistolica de motu tonico vitali hinc dependente motu saguinis particulari. Qua demonstratur salva circulatione et cum eo commeantes humores ad quamlibet corporis quartem specialem prae aliis copiosius dirigi et propelli posse. Jena 1692.

7. Goetz, Johann Christoph: Scripta D. Georg Ern. Stahlii, aliorumque ad ejus mentem disserentium. Nürnberg, 1792.

8. https://books.google.de/books?id=u3kIAAAAIAAJ&pg=P-P7&dq=inauthor:Blondin,+Théodore&as_brr=3&hl=de&-source=gbs_toc_r&cad=3#v=onepage&q=inau-thor%3ABlondin%2C%20Théodore&f=false

9. Peters, Uwe Henrik: Emotionspsychopathologie – Zur Problemgeschichte eines Widerspruchs. Über Pathos, passio, Affekt, Leidenschaft, Gemütsbewegung, Emotion. In: Marneros, A. (Hrsg.): Schizoaffektive Psychosen. Diagnose, Therapie und Prophylaxe. Springer: Berlin-Heidelberg-New York-London-Paris-Tokyo-Hong Kong 1989. S. 7-19.

10. Moritz, Karl Philipp: Anton Reiser. Ein psychologischer Roman. Mit Textvarianten, Erläuterungen und einem Nachwort hrsg. v. Wolfgang Yartens. Stuttgart 1972. - Ursprünglich erschienen in 4 Bänden 1785-1790.

11. Aristoteles: Über die Seele. Übersetzt und mit Erläuterungen, Gliederung und Literaturhinweisen hrsgg. von Willy Theiler. Rowohlt, Hamburg 1968.

12. Virchow, Rudolf: Über die Heilkräfte des Organismus. Vortrag gehalten am 2. Jan. 1875 im Verein für Kunst und Wissenschaft zu Hamburg. Berlin, Lüderitz 1875.

13. Herz, Marcus: Etwas Psychologisch-Medizinisches. Moritz Krankengeschichte. Hufelands Journal der praktischen Arzneykunde und Wundarzneykunst. Bd. 5, 2. Stück (1798) 259-339.

14. Killy, Walther & Rudolf Vierhaus (Hrsg,): Deutsche Biographische Enzyklopädie (DBE). K. G. Sauer, München 1998.

15. Bezieht sich auf Wolffs Buch «Vernünfftige Gedancken Von den Kräfften des menschlichen Verstandes Und Ihrem richtigen Gebrauche in Erkäntniß der Wahrheit». Halle 1713. Dazu mehr in meinem Buch «Schizophrenie – Denken, Fühlen und Empfinden Schizophrener», 3. Aufl. 2017, S. 172ff.

16. Kaiser, Wolfram & Hans Hübner (Hrsg.): Johann Juncker (1679 - 1759) und seine Zeit. Hallesches Juncker-Symposium 1979. Halle (Saale): Univ. Halle-Wittenberg, 1979

17. Heinrich, Jörg: Johann Theodor Eller: ein bedeutender Arzt, Wissenschaftler und Medizinalbeamter in Brandenburg-Preußen in der ersten Hälfte des 18. Jahrhunderts. Husum: Matthiesen, 2003.

18. Kaiser, Wolfram & Arina Völker: Michael Alberti (1682-1757). Halle, Univ. Halle-Wittenberg Abt. Wissenschaftspublizistik 1982.

19. Tabor, John (lat.: de Johanne Tabor): Exercitationes medicae, quae tam morborum quam symptomatum im plerisque morbis rationem illustrant. Imensis Guilielmi & Johannes Innys, London 1724.

20. Tabor, Heinrich: Über die Heilkräfte der Einbildungskraft. Frankfurt und Leipzig 1786.

21. Tabor, Heinrich: Skizze einer medicinischen Psychologie, 1787.

22. Roeper, Johann Andreas: Die Würckung der Seele in den menschlichen Cörper nach Einleitung der Geschichte eines Nacht-Wanderers. Aus vernünftigen Gründen erläutert. Magdeburg & Leipzig: Seidel & Georg Ernst Scheidhauer 1748.

23. Laehr, Bernhard Heinrich (Hgg.): Die Literatur der Psychiatrie, Neurologie und Psychologie von 1459-1799. Mit Unterstützung der kgl. Akademie der Wissenschaften zu Berlin. Bd. I, Die Literatur von 1459-1699. Bd. II, Die Literatur von 1700-1799. Bd. III, Register der Bände I und II. Verlag von Georg Reimer, Berlin 1900.

24. Delius, Heinrich Friedrich: Von den Würkungen der Seele in den Körper, besonders bey der Heilung der Krankheiten. Erl. Anz. n. 36. 1750. (zit. n. Laehr, Bd. 2, S. 402).

25. Sigwart, Georg Friedrich, resp. Wilh. Fr. Klein: Dissertatio inauguralis medica de vi imaginationis in producendis et removendis morbis. Tübingen 1769.

26. Scheidemantel, Friedrich Christian Gottlieb: Die Leidenschaften als Heilmittel betrachtet. Hildburghausen 1787.

27. Allgemeine Literaturzeitung Bd. 4 (1790), No. 288, S. 3f.

28. Ich folge hier der deutschen Übersetzung.

29. Falconer, William: A Dissertation on the Influence of the Passions upon Disorders of the Body. Being the Essay to which the Fothergillian Medal was adjudged. C. Dilly & J. Phillips, London 1788, 3rd. Ed. 1796. - Dt. Übers. v. Christian Friedrich Michaelis: Abhandlung über den Einfluß der Leidenschaften auf die Krankheiten des Körpers. Preißschrift welcher die Fothergillsche Medaille zuerkannt wurde. J. G. Büschels Wittwe, Leipzig 1789.

Die Fothergillsche Preisfrage lautete im Original: «What diseases may be mitigated or cured, by exciting particular affections or passions of the mind?» (https://ia600700.us.archive.org/6/items/dissertationonin00falc/dissertationonin00falc.pdf).

30. Vering, Albert Mathias: Psychische Heilkunde. Joh. Ambr. Barth, Leipzig 1817-1821. – Bd. 1: Ueber die Wechselwirkung zwischen Seele und Körper im Menschen. – Bd. 2, Teil 1: Von der Anwendung der psychischen Kurmethode bey den Krankheiten des Körpers. Joh. Ambr. Barth, Leipzig 1818. Bd. 2, Teil 2: Von den psychischen Krankheiten und ihrer Heilart [mit der psychischen Kurmethode]. Joh. Ambr. Barth, Leipzig 1821.

Abbildungen

Abb. 1. Johann Juncker (1679-1759). Bolten nennt ihn «mein höchstverdienter Lehrer». Juncker war als Theoretiker der Medizin ein Stahlianer. Er verbreitete Stahls Ansichten sehr erfolgreich in seinen Lehrbüchern. Noch mehr hat er sich in der praktischen Medizin hervorgetran, indem er in den Halleschen Stiftungen das erste Lehrkrankenhaus der Welt begründete. Dort beteiligten sich Medizinstudenten an der Krankenbehandlung und konnten so Erfahrungen sammeln. Ab 1729 war Juncker Professor der Medizin an der Universität Halle.

Abb. 2. Georg Ernst Stahl (1649-1734). Boltens Darstellungen fußen auf den Lehren Stahls, den er nicht persönlich gekannt hat. Stahl war der eigentliche Erfinder der Psychotherapie, obwohl er sich selbst nicht so sah. Bei allen Kranken ging er auf die Psyche ein und war vor allem auch dadurch ein sehr erfolgreicher Arzt. Seine Schüler nahm er mit zu den Krankenbesuchen. Diese schrieben viel über den Einfluß der Psyche "in" den Körper. 1694-1715 war Stahl Professor der Medizin in Halle, danach Leibarzt des Königs von Preußen.

Abb. 3. Johann Gottlob Krüger (1715-1759). Bolten nennt ihn den «vortrefflichen Herrn Professor Krüger» und seinen «theuersten Gönner und Freund». Krüger war ab 1743 Professor der »Weltweisheit und Arzneygelahrtheit« (Philosophie und Medizin) in Halle. 1750 wurde er zum Professor der »Medizin und Philosophie« an die damals berühmte Universität Helmstedt berufen. Außer über Träume schrieb er auch «Gedanken von der Erziehung der Kinder» und darin in Teil 2 «Von der Bildung der Seele».

Abb. 4. Georg Friedrich Meier (1718-1777). «Der berühmte Herr Professor Meier» wird bei Bolten wiederholt erwähnt. Er war 1746-1777 Extraordinarius und Ordinarius für Philosophie an der Universität Halle. Meier beflügelte wesentlich die von Baumgarten ausgehende neue Ästhetik und hielt dazu sehr beliebte Vorlesungenn. Weniger bekannt blieb seine «Theoretische Lehre von den Gemütsbewegungen überhaupt» (1744), die Bolten aber für seine Psychotherapie benutzte. Meiers reiches Werk hat im 20. Jahrhundert zum Teil Neuauflagen erlebt.

Abb. 5. Alexander Gottlieb Baumgarten (1714-1762) wird bei Bolten «der berühmte Weltweise» genannt. Baumgarten studierte in Halle und wurde dort Privatdozent. Ab 1740 war er Professor der «Weltweisheit und der schönen Künste» an der Universität Frankfurt a. d. Oder. Sein Werk über Ästhetik (»Aesthettica») von 1750 hat die Vorstellungen über das Schöne und das Geniale bis in die Gegenwart geprägt. Johann Gottfried Herder, Immanuel Kant und Friedrich Schiller setzten sich damit auseinander. Noch in der Gegenwart in mehreren Sprachen Diskussionen darüber geführt.

Abb. 6. Christian Wolff (1679-1754) wird bei Bolten nicht namentlich erwähnt, jedoch beruft er sich an einer Stelle auf dessen Werk. Wolff lehrte 1706-1754 (mit Unterbrechung 1732-1740) in Halle als Mathematiker und Universalgelehrter. Mit seiner rationalen Philosophie begründete Wolff auch die deutschen Vorstellungen zur Verrücktheit (Schizophrenie). Zu Stahl und den Stahlianern stand er in Gegensatz. Seine Schüler, die Wolffianer, besetzten fast alle Lehrstühle der Philosophie im Deutschland seiner Zeit. Wolffs Werke werden weiterhin in neuen Ausgaben sowie in Übersetzungen aus dem Lateinischen veröffentlicht.

Abb. 7. Michael Alberti (1682-1757) hatte 1703 bei Stahl über Hypochondrie und Hysterie («De malo hypochondriaco et hysterico») promoviert. Er wurde einer der aktivsten Stahlianer und interpretierte häufig dessen Werk. 42 Jahre wirkte er als Professor der Medizin in Halle. Nacheinander bekleidete er zahlreiche akademische Ämter der Universität. Auch er lebte noch als Bolten sein Buch veröffentlichte. Zahlreiche Promotionen wurden durch ihn veranlasst. Unter den Themen finden sich viele psychische Störungen. Sein umfangreiches Werk, zu dem auch die Dissertationen zählen, ist noch nicht erschlossen.

Abb. 8. Ernst Anton Nicolai (1722-1802) war von 1748-1758 Professor der Medizin in Halle und anschließend ordentlicher Professor der theoretischen Medizin in Jena. Seine Arbeiten stellen vor allem immaterielle ärztliche Heilmethoden dar. Dazu zählt die Musik, mit welcher sich heilende Affekte und Erinnerungen an Ereignisse wecken lassen. Bolten zählt dies zur Psychotherapie und verweist auf Nicolai. «Man findet sie in vielen Schriften angeführet, besonders kann man des gelehrten Herrn Hofrath und Professor Nicolai, Würckungen der Einbildungskrafft hierbei zu Rathe ziehen.» («Wirkungen der Einbildungskraft in den menschlichen Körper», Halle 1744)

Abb. 9. Johann August Unzer (1727-1799) studierte offenbar mit Bolten zusammen in Halle Medizin. Bolten nennt ihn seinen «unvergleichlichen Freund». Er würdigt dabei vor allem Unzers Schrift «Gedancken vom Einfluß der Seele in ihren Körper» (1746). Es war ein Muss für alle Anhänger Stahls, die Psyche über den Körper zu stellen und dies in eigenen Schriften zu begründen. Als erfolgreicher Arzt, Schriftsteller und Herausgeber der beliebten Zeitschrift «Der Arzt» in Hamburg-Altona hat Unzer später viel für eine weitere Verbreitung der psychischen Medizin gewirkt und u. a. Messmer bekannt gemacht.

Abb. 10. August Hermann Francke (1663-1727), der Begründer der Franckeschen Stiftungen in Halle und Professor an der Universität, hatte in den Stiftungen
Krankenabteilungen gegründet, die auch den Bürgern der Stadt Halle zur Verfügung standen. Medizinstudenten leisteten dort unter der Leitung des Medizinpro-
fessors J. Juncker nicht nur Pflegedienste, sondern konnten reiche ärztliche Erfahrungen sammeln. Daher gilt die Universität Halle als die erste Universität der Welt,
an welcher der Medizinunterricht auch am Krankenbett erteilt wurde.

Abb. 11. Friedrich Hoffmann (1660-1742) war der erste und zunächst einzige Medizinprofessor der neu gegründeten Universität Halle. Er sog seinen Kollegen und Freund Georg Ernst Stahl dorthin nach. Jedoch wurden sie medizinisch Antipoden, denn Hoffmann vertrat eine nicht nur rationale, sondern eine sich mechanistisch erklärende Medizin. Dieser Gegensatz zwischen einer körperlich orientierten und einer psychisch orientierten Psychiatrie ist bis heute geblieben.

Abb. 12. Christian Thomasius (1655-1728) war der erste Professor der juristischen Fakultät der Hallenser Universität und deren Rektor. Als unerschrockener, witziger und satirischer Aufklärer zielte Thomasius auf die Befreiung des Denkens von den Überresten der mittelalterlichen Scholastik und vom christlichen Dogma. Er brachte Menschen mit neuen Ideen an die Universität Halle und förderte sie nachhaltig und auch gegen Widerstände. Sowohl Stahl wie auch Francke wurden von ihm unterstützt. In Vorlesungen und Büchern bevorzugte er seine deutsche Muttersprache. Bolten hat ihn nicht mehr erlebt.

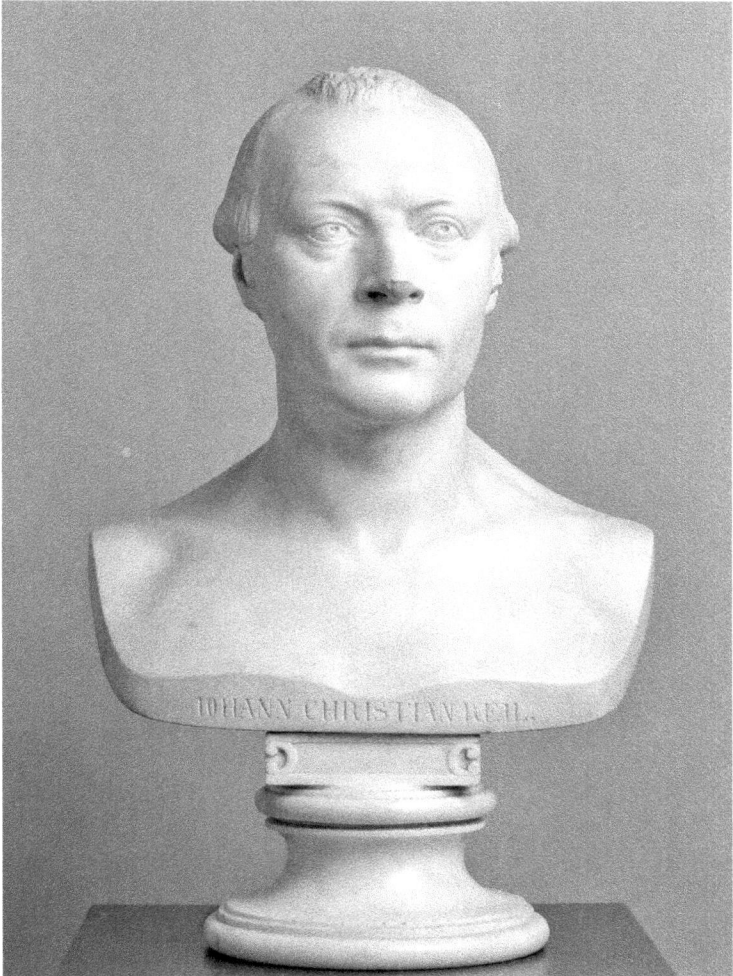

Abb. 13. Johann Christian Reil (1759-1813) war ein später geistiger Nachfahre der Stahlianer, verwischte aber in seinen berühmten »Rhapsodien über die Anwendung der psychischen Curmethode auf Geisteszerrüttungen« (1803) die Verbindungen zu seinen geistigen Vätern. Daher wird er oft als Erfinder der Psychotherapie und Wegbereiter der Psychiatrie angesehen. Seine Werke sind zum Teil in neuen Auflagen im Buchhandel erhältlich. Es gibt zahlreiche Werke, in denen sein Leben und seine Gedanken dargestellt werden.

Abbildungsnachweise

Abb. 1. Johann Juncker (1679-1759). Universitätsarchiv Halle-Wittenberg. Rep. 40-I, J5.

Abb. 2. Georg Ernst Stahl (1649-1734). Universitätsarchiv Halle-Wittenberg, 10.2016, Foto Markus Scholz.

Abb. 3. Johann Gottlob Krüger (1715-1759). Universitätsarchiv Halle-Wittenberg, Rep. 40-I, K37.

Abb. 4. Georg Friedrich Meier (1718-1777). Universitätsarchiv Halle-Wittenberg, Rep. 40-I, M19.

Abb. 5. Alexander Gottlieb Baumgarten (1714-1762). Universitätsarchiv Halle-Wittenberg, 10.2016, Foto Markus Scholz.

Abb. 6. Christian Wolff (1679-1754). Universitätsarchiv Halle-Wittenberg, 10.2016, Foto Markus Scholz.

Abb. 7. Michael Alberti (1682-1757). Universitätsarchiv Halle-Wittenberg, 10.2016, Foto Markus Scholz.

Abb. 8. Ernst Anton Nicolai (1722-1802). Gemeinfrei.

Abb. 9. Johann August Unzer (1727-1799). Gemeinfrei.

Abb. 10. August Hermann Francke (1663-1727). Universitätsarchiv Halle-Wittenberg, 10.2016, Foto Markus Scholz.

Abb. 11. Friedrich Hoffmann (1660-1742). Universitätsarchiv Halle-Wittenberg, 10.2016, Foto Markus Scholz.

Abb. 12. Christian Thomasius (1655-1728). Universitätsarchiv Halle-Wittenberg, 10.2016, Foto Markus Scholz.

Abb. 13. Johann Christian Reil (1759-1813). Universitätsarchiv Halle-Wittenberg, 11.2016, Foto Markus Scholz.

Der Herausgeber und Autor

Uwe Henrik Peters, Universitätsprofessor, Dr. med. Dr. h. c. wurde 1930 in Kiel geboren. Er ist Psychiater, Psychotherapeut, Psychologe und Neurologe an der Universität zu Köln sowie emeritierter Direktor der Kölner Universitätsklinik für Psychiatrie-Psychotherapie und Neurologie.

1957 Promotion zum Dr. med. 1965 Habilitation für das Fach Neurologie und Psychiatrie an der Christian-Albrechts-Universität Kiel. 1968 Berufung auf den Lehrstuhl für Neurologie und Psychiatrie der Johannes-Gutenberg-Universität in Mainz.

1969–1979 Direktor der Neuropsychiatrischen Universitätsklinik Mainz. 1979 Berufung auf den Lehrstuhl für Neurologie und Psychiatrie an der Universität zu Köln. Nach der Emeritierung 1996 tätig in Privatpraxis.

1993–1996 Präsident und Vizepräsident der Deutschen Gesellschaft für Psychiatrie, Psychotherapie und Nervenkrankheiten (DGPPN).

Sein „Lexikon Psychiatrie, Psychotherapie, Medizinische Psychologie" (7. Aufl. 2017) ist ein Standardwerk der Psychiater und Psychologen.

Peters ist u. a. ein engagierter Psychotherapeut und hat auf diesem Gebiet verschiedene Werke verfasst. Dazu gehören: Übertragung–Gegenübertragung. Kindler: München 1977, Neuauflage 2016. Wörterbuch der Tiefenpsychologie. Kindler: München 1978. – Peters, U. H.: Anna Freud. Ein Leben für das Kind. (Biographie). Kindler: München 1979, ins Englische und Französische übersetzt. – Psychiatrie im Exil. Die Emigration der dynamischen Psychiatrie aus Deutschland 1933-1939. Kupka-Verlag, Düsseldorf 1992. – Heinz Kohut – Über das Selbst und sich selbst. ANA-Publishers, Köln 2013. – Die Zukunft der angewandten Psychoanalyse 2016. Der von Peters herausgegebene 10. Band der «Psychologie des 20. Jahrhunderts» ist die bisher einzige „Psychologie der Psychiatrie".

Bücher über Hölderlin, Robert Schumanns letzte Jahre, über Irrenwitze und Psychiaterwitze u. a. machten Peters auch außerhalb seines Faches bekannt.

Es wurden etwa 400 weitere Arbeiten veröffentlicht. Peters ist Ehrenmitglied zahlreicher Fachgesellschaften in Europa, den Amerikas, Nahost und Fernost sowie auch des Weltverbandes der Psychiatrie.

Weitere Werke
von Uwe Henrik Peters

Peters, U. H.: Lexikon Psychiatrie, Psychotherapie Medizinische Psychologie. 7., überarbeitete und erweiterte Auflage. Elsevier 2017. ISBN978-3-15063-0 (als eBook 978-3-437-17140-6).

Peters, U. H.: Schizophrenie – Denken, Fühlen und Empfinden Schizophrener Die Psyche der Schizophrenen Bd. 1. 3. Aufl. ANA-Publishers, Köln 2015. ISBN 978-3-931906-37-5.

Peters, U. H.: Schizophrenie – Denken, Fühlen und Empfinden Schizophrener Die Psyche der Schizophrenen Bd. 2. ANA-Publishers, Köln 2015. ISBN 978-3-931906-34-4

Peters, U. H.: Übertragung–Gegenübertragung. Geschichte und Formen der Beziehungen zwischen Psychotherapeut und Patient. Fischer, Berlin 2016. ISBN 3-463-02185-4.

Peters, U. H.: Die Zukunft der angewandten Psychoanalyse unter besonderer Berücksichtigung der Humanwissenschaften. Grin-Verlag 2016. ISBN 9783668310728.

Peters, U. H.: Heinz Kohut – Über das Selbst und sich selbst. ANA-Publishers, Köln 2014. ISBN 978-3-931906-33-7

Peters, U. H.: Was dachte Nietzsche als er keine Denker mehr war. – Nietzsches Demenz. ANA-Publishers, Köln 2013. ISBN 978-3-931906-27-6

Peters, U. H.: Karsten Jaspersen – 1940 ... der einzige deutsche Psychiater, der alles riskierte, um den Krankenmord zu verhindern ANA-Publishers, Köln 2013. ISBN 978-3-931906-25-2

Peters, U. H.: Robert, Clara und Johannes. Schumanns letzte Jahre. ANA-Publishers, Köln 2013. ISBN 978-3-931906-23-8

Peters, U. H.: Nazipsychiatrie - Aufstieg und Fall. ANA Publishers,

Köln 2011. ISBN 978-3-931906-16-0

Peters, U. H.: Gefangen im Irrenhaus. Robert Schumann. ANA Publishers, Köln 2010. ISBN 978-3-931906-07-8

Peters, U. H.: O' könnt' ich Euch noch einmal sehen. Robert und Clara Schumann. Anfang und Ende einer Ehe. Zus. mit Caroline Peters. ANA Publishers, Köln 2009. ISBN 978-3-931906-12-2

Peters, U. H.: Psychopathologie im 21. Jahrhundert. ANA Publishers, Köln 2009. ISBN 978-3-931906-11-5

Peters, U. H.: Robert Schumann: 13 Tage bis Endenich. ANA Publishers, Köln 2009. ISBN 978-3-931906-06-1

Peters, U. H. (Hrsg.): Was die Aufmerksamkeit erregt. ANA Publishers, Köln 2007. ISBN 978-3-931906-04-7

Peters, U. H.: Robert Schumann e i tredici giorni prima del manicomio. Spirali, Mailand 2007. ISBN 978-88-7770-790-1

Festschrift: 1. Marneros, A. & M. Philipp: Persönlichkeit und psychische Erkrankung. Festschrift zum 60. Geburtstag von U. H. Peters. Springer-Verlag. Berlin, Heidelberg, New York u.a. 1992. ISBN 3-540-55127-1

Festschrift: 2. Andreas Marneros & Anke Rohde (Hrsg.). Festschrift zum 80. Geburtstag von Uwe Henrik Peters. Sapientiae cupido patria esse cariorem und das Lied der Sirenen. ANA-Publishers, Köln 2013. ISBN 978-3-931906-14-6

www.ingramcontent.com/pod-product-compliance
Lightning Source LLC
Chambersburg PA
CBHW071349280326
41927CB00040B/2468